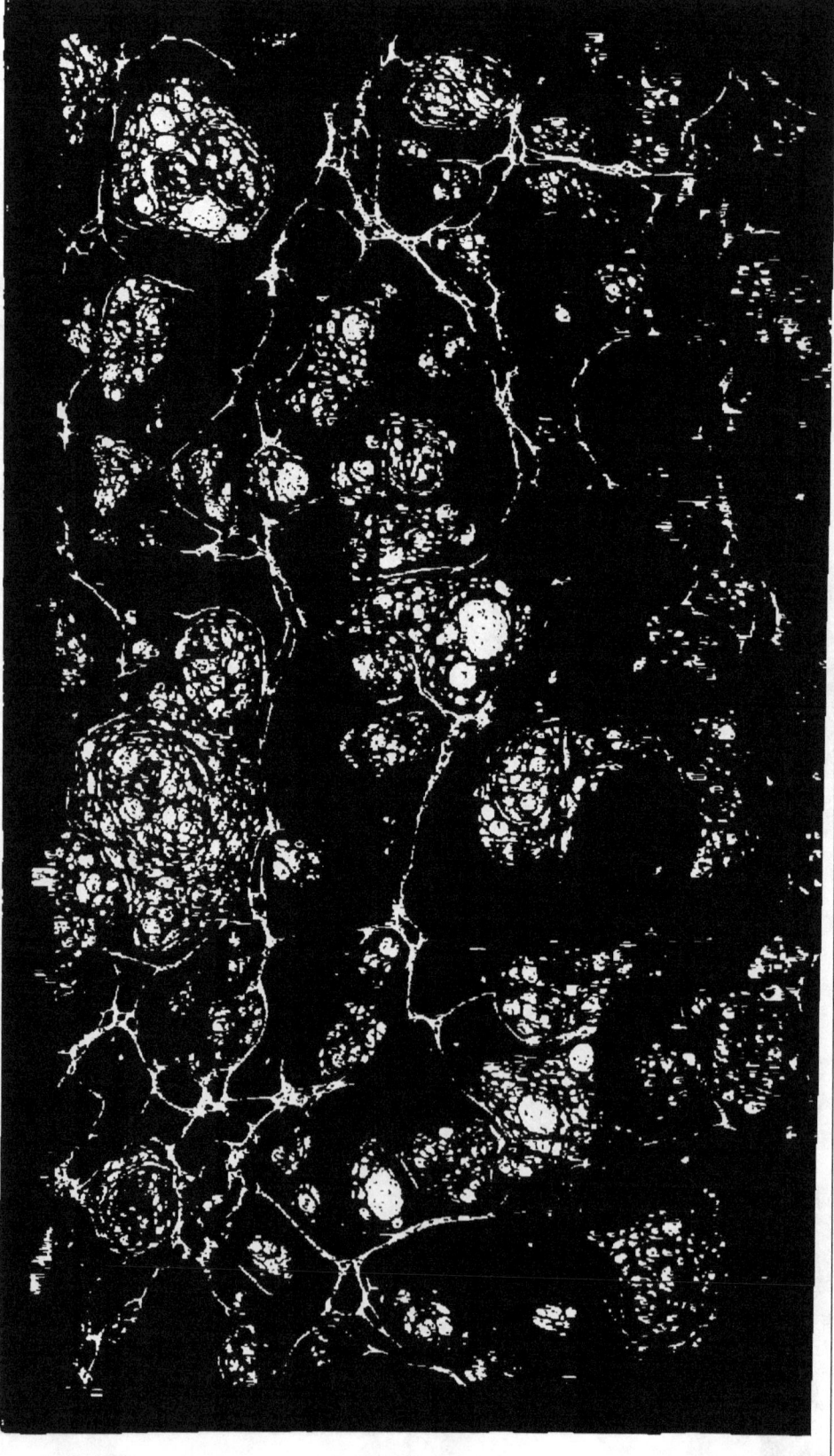

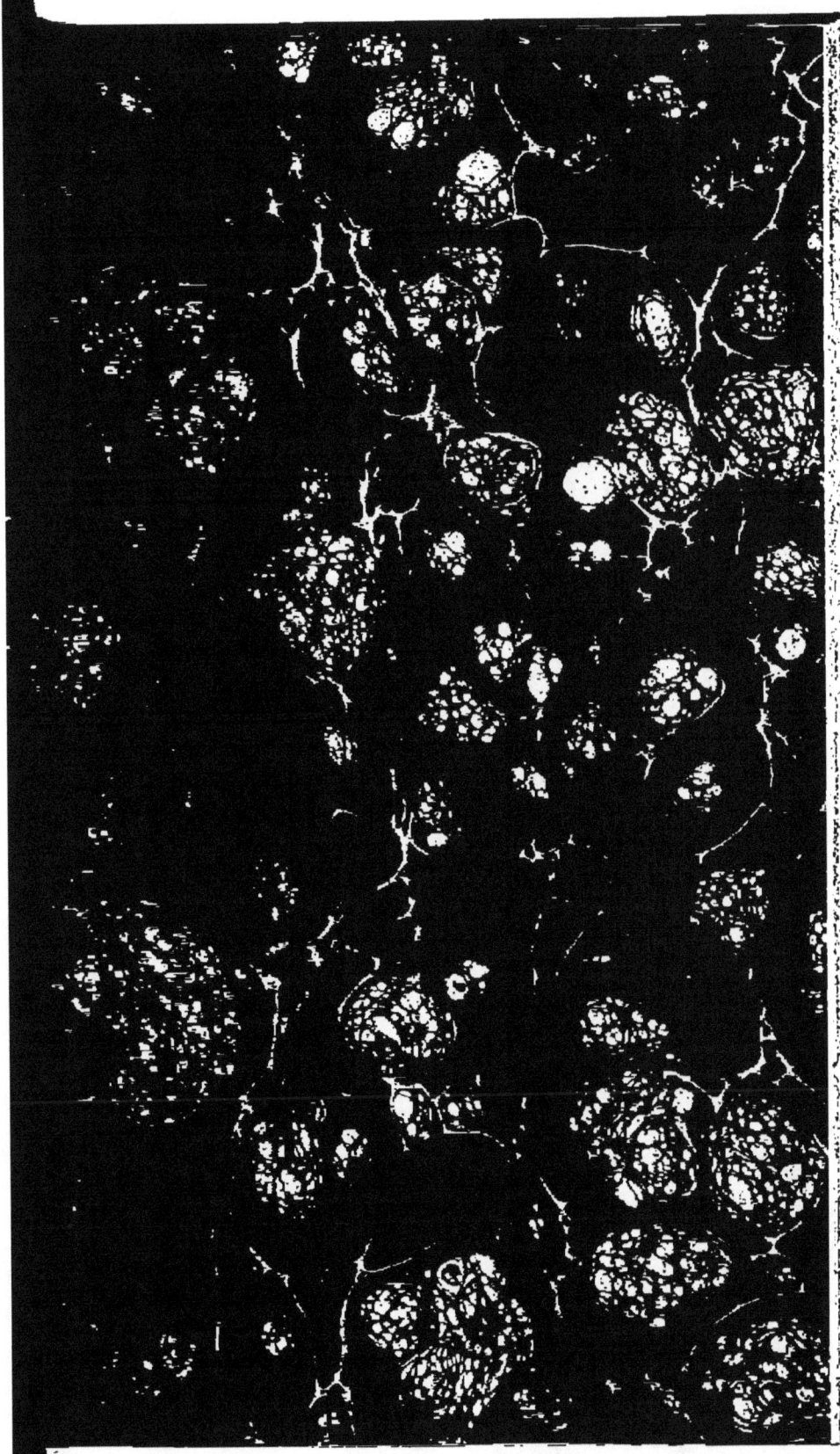

X 1959.
A.a.2.

17704

PENSÉES
DE CICÉRON.
TOME II.

PENSÉES
DE CICÉRON.
TRADUCTION NOUVELLE.

Quod enim munus reipublicæ afferre majus meliusve possumus, quàm si docemus atque erudimus juventutem? his præsertim moribus atque temporibus, quibus ita prolapsa est, ut omnium opibus refrenanda ac coërcenda sit.
Cic. de Div. II. 2.

TOME II.

À PARIS,
Chez LAMY, Libraire, Quai des Augustins.

AN X.--1802.

PENSÉES DE CICÉRON.

TRADUCTION NOUVELLE.

CHAPITRE VI.

De la Probité.

§. I.

Il arrive quelquefois qu'on croit voir *l'utile* d'un côté et *l'honnête* de l'autre ; c'est à tort, car ce qui constitue l'utile, suppose nécessairement l'honnête ; ne pas être frappé de cette vérité, c'est s'annoncer comme un homme sans délicatesse, et capable de toutes sortes de méchantes actions. Un homme qui se dit à lui-même : *ceci est certainement honnête, mais cela est utile*, ose séparer deux choses que la nature a réunies, et dès-lors, c'est de sa part ouvrir la porte à toutes les fraudes, à toutes les escroqueries imaginables, et même à tous les crimes. Ainsi, quand un homme de bien auroit le pouvoir d'opérer, par le moindre mouvement de main, la transcription furtive de son nom dans les testamens des gens riches, il n'en feroit rien, eut-il d'ailleurs la certitude que personne n'en auroit le moindre soupçon. L'homme juste, celui-là même que nous regardons comme homme de bien, n'enlèvera jamais rien à autrui pour se l'approprier. S'étonner de cette morale, c'est avouer qu'on ignore ce que c'est qu'un homme de bien. Cependant si l'on vouloit descendre dans son âme, et y chercher l'idée du vrai qui y est cachée, on se convaincroit bientôt que l'homme de bien est celui qui oblige tous ceux qu'il peut servir, et ne fait de mal qu'autant qu'il est forcé de repousser l'injure. Raisonnons actuellement : celui qui auroit un secret quelconque pour faire disparoître le nom des véritables héritiers et pour occuper leur place dans un testament, ne nuiroit-il à personne ? mais, me dira-t-on, il ne fera donc point ce qui lui est utile, ce qui convient à son intérêt ? nous répondons, qu'il faut qu'on comprenne bien que rien de ce qui est injuste, ne peut être utile, ne peut convenir aux intérêts de qui que ce soit. Si l'on ne demeure pas persuadé de cette vérité, on ne parviendra jamais à être homme de bien.

§. II.

Il se trouve souvent des circonstances où l'utile paroît incompatible avec l'honnête; il faut examiner alors, si cette incompatibilité est réelle, ou si l'utile peut se rencontrer avec l'honnête. Voici quelques espèces : on suppose que la famine étant à Rhodes, et que le bled s'y vendant un prix excessif, un négociant parti du port d'Alexandrie, fait voile vers cette île, et y débarque une grande quantité de grains. On suppose encore que ce négociant est instruit que plusieurs commerçans sont sortis du même port, et que beaucoup de vaisseaux chargés de bled sont en mer avec la même destination.

Instruira-t-il les Rhodiens de ce qu'il sait, ou gardera-t-il le silence, pour tirer de sa cargaison le parti le plus avantageux?

Nous parlons ici d'un homme honnête et vertueux, et nous voulons savoir quel parti il prendra. Il est d'ailleurs dans la disposition de ne rien cacher aux Rhodiens, s'il juge que son silence soit malhonnête, mais s'il a là-dessus un doute légitime, que fera-t-il?

Diogène de Babylone, fameux stoïcien, et Antipater son disciple, homme d'un esprit fort délié, ne sont nullement d'accord sur ces sortes de questions : Antipater pense qu'il faut tout dire à l'acheteur, afin qu'il n'ignore rien de ce que sait le vendeur. Diogène croit au contraire, qu'il suffit de se conformer à la loi, et de déclarer si la marchandise a quelques défauts ; que dans tout le reste, le négociant doit se conduire loyalement, et que puisque son état est de vendre, rien ne l'empêche de vendre le plus avantageusement qu'il le pourra. J'ai apporté du bled, je l'ai mis en vente, je ne vends pas à plus haut prix que d'autres, peut-être ai-je fait meilleur marché quand la denrée étoit abondante : à qui fais-je tort ?

Que dites-vous, replique Antipater ? vous célerez à des hommes leurs prochaines et abondantes ressources, vous dont le devoir est de procurer le bien à vos semblables, vous qui êtes né pour cela, vous à qui la voix de la nature que vous ne pouvez étouffer, et à laquelle vous devez obéir, crie que votre intérêt personnel se confond dans l'intérêt général, et que le bien public devient le vôtre.

Entre céler une chose et la taire, répondra peut-être Diogène, il existe une grande différence : je ne vous cèle rien, si je ne vous parle ni de la nature des Dieux, ni du souverain bien ; cependant, il vous seroit infiniment plus avantageux de connoître ces grandes vérités, que d'avoir du bled à bon marché ; je ne suis pas obligé de vous apprendre tout ce qu'il vous importeroit de savoir.

Mais souvenez-vous donc, répliquera Antipater, que tous les hommes ne composent qu'une grande famille.

Je ne l'ai pas oublié, répondra Diogène ; mais cette grande famille est-elle composée d'individus dont aucun n'ait rien en propre ? dans ce cas, il ne faut pas vendre, il faut donner.

§. III.

Qu'un honnête homme cherche à se défaire d'une maison dont lui seul connoisse les défauts; supposons-là empestée, tandis qu'elle passe pour saine; supposons que des serpens s'insinuent et se glissent dans toutes les chambres; que les matériaux en soient mauvais, et qu'elle menace ruine, mais qu'à l'exception du propriétaire, personne n'en sache rien : je le demande, si le propriétaire laisse l'acheteur dans l'ignorance et qu'il parvienne à vendre sa maison un prix bien supérieur à ce qu'il en espéroit, n'aura-t-il pas violé les règles de la justice et de la probité ?

Oui certes, répond Antipater,

car souffrir qu'un acheteur tombe dans un piège, et que, faute de connoître l'état des lieux, il soit la victime d'une criante escroquerie, qu'est-ce autre chose que ne pas montrer le chemin à un voyageur qui s'égare (délit que les Athéniens punissoient par des malédictions); c'est même plus que cela, c'est entraîner sciemment quelqu'un dans une très-grande perte. Mais, observe Diogène, ce propriétaire vous a-t-il forcé d'acheter? il ne vous y a pas même engagé. Il a mis en vente un objet qui ne lui plaisoit pas, et vous, vous avez acheté ce qui étoit à votre convenance. Si on ne regarde pas comme des trompeurs ceux qui font afficher des maisons de campagne comme bonnes et bien bâties, quoique ces maisons ne soient ni bonnes, ni bien bâties, à plus forte raison ne doit-on pas considérer comme tel, celui qui ne fait point l'éloge de ce qu'il vend : et d'ailleurs, quand l'acheteur est le maître d'examiner et d'apprécier l'objet, comment le vendeur pourroit-il être accusé de mauvaise foi ? Sera-t-on responsable de ce qu'on n'a point dit, lorsqu'on n'est pas même garant de ce qu'on a dit ? Ne seroit-ce pas le comble de la folie de la part de quelqu'un qui veut vendre, que de détailler toutes les défectuosités de ce dont il veut se défaire ? Qu'y auroit-il en effet de plus extravagant, que de faire crier publiquement : *maison empestée à vendre.*

Voilà au surplus des questions sur lesquelles il faut prononcer, car je les ai proposées, non dans la vue de discuter le pour et le contre, mais pour arriver à un résultat certain. Il paroît donc, que ni le marchand de bled, ni le propriétaire de la maison, n'ont pas dû laisser dans l'ignorance, celui-ci l'acquéreur de cette maison, celui-là les Rhodiens. Ce n'est pas là céler tout ce que vous ne dites pas, c'est vouloir, par esprit de cupidité, profiter de l'ignorance de ceux auxquels il importoit d'être instruits de choses que vous saviez parfaitement.

§. IV.

Si ceux qui ne disent pas tout ce qu'ils savent sont blamables, que devons-nous penser des vendeurs qui pour mieux tromper, emploient l'exagération et le mensonge.

Caïus Canius, chevalier romain,

qui avoit de l'amabilité, et ne manquoit pas d'instruction, étant allé à Syracuse, non pour y faire des affaires, disoit-il, mais pour s'y livrer à la plus parfaite inaction, laissa entrevoir quelqu'envie d'acheter un petit jardin où il pût, loin des importuns, recevoir ses amis et s'amuser avec eux. Cela s'étant répété dans la ville, un certain Pythius, banquier de Syracuse, dit à Canius qu'il avoit un jardin qui à la vérité n'étoit point à vendre, mais dont il pourroit disposer, comme s'il étoit à lui; il l'invita en même-temps à y venir souper le lendemain; Canius accepte. Aussitôt Pythius, à qui sa caisse donnoit beaucoup de crédit auprès des grands et des petits, fait assembler chez lui tous les pêcheurs de la ville, leur demande de se réunir le lendemain,

main, en face des jardins de sa maison de campagne, pour y pêcher ; il leur détaille en même-temps ce qu'il désire qu'ils fassent.

Canius est exact au rendez-vous : grand souper ; les convives ont sous les yeux une foule de barques : chaque patron s'empresse d'apporter sa pêche ; des tas de poissons sont aux pieds de Pythius. Qu'est-ce que ceci, dit Canius ? tant de poissons ! cette quantité de barques ! Rien d'étonnant, répond Pythius, tout le poisson de Syracuse est ici ; c'est le seul endroit favorable à la pêche, et ces bonnes gens ne pourroient se passer de cet endroit. Alors Canius ne tient plus contre l'envie d'acheter, il presse le banquier de lui vendre son jardin. D'abord grande répugnance de la part de Pythius ;

puis enfin il se rend : Canius, qui vouloit se satisfaire et qui étoit riche, achète maison, meubles et ustensiles, le tout au prix qu'y veut mettre Pythius, fait son obligation et consomme le marché. Canius invite ses amis pour le lendemain; il s'y rend de bonne heure, et n'appercevant pas la plus petite barque, il demande à un voisin, si c'est un jour de fête pour les pêcheurs, qu'il n'en apperçoit aucun. Non pas que je sache, lui répond celui-ci; aussi étois-je fort étonné hier de tout ce que je voyois. Canius alors, de s'emporter, mais que faire? Aquilius mon collègue et mon ami n'avoit point encore publié ses formules, où, sur la question *qu'est-ce que le dol*, il répond très-clairement et comme un homme qui sait parfaitement définir, qu'il y a dol, toutes les fois qu'on donne à entendre une chose, et qu'on en fait une autre.

Concluons que Pythius et tous ceux qui font le contraire de ce qu'ils donnent à penser, sont des gens sans foi, sans probité et remplis d'artifice.

§. V.

Développez et consultez vos facultés intellectuelles, et voyez au flambeau de la raison, quelle idée vous devez vous former de l'homme de bien, de son caractère, de sa moralité. Entre-t-il dans cette idée, que pour son intérêt personnel, il puisse mentir, dresser des pièges à la bonne foi, séduire, duper? assurément non.

Existe-t-il dans l'univers une chose d'une assez grande valeur, ou d'une utilité assez décisive, pour sacrifier à la possession de cette chose, l'éclat et l'honneur attachés à la réputation d'homme de bien. Ce qu'on appelle l'utile, peut-il compenser jamais tout ce qu'il vous fait perdre, en vous ôtant la réputation d'honnête homme et en vous faisant en quelque-sorte abjurer toute idée de justice et de bonne foi. Qu'importe en effet, que sous la figure de l'homme, vous cachiez la férocité de la bête ?

§. VI.

Perte d'argent est peu de chose : mais quoi ! si la vie même est tellement exposée, qu'on se trouve dans la nécessité de faire périr quelqu'un ou de périr soi-même ? la supposition peut se réaliser, soit dans un naufrage, si l'on rencontre une personne foible, se sauvant sur une planche; soit dans une déroute, si en fuyant on trouve un homme blessé, monté sur un cheval. Pour échapper au danger, vous emparerez-vous du cheval de celui-ci, de la planche de celui-là? quiconque voudra être juste, n'en fera rien.

§. VII.

Régulus, consul pour la seconde fois, ayant été fait prisonnier en Afrique, dans une embuscade que lui avoit dressée le Lacédémonien Xantipe, fut envoyé au Sénat, après avoir fait serment, que si l'échange de quelques nobles tombés entre les mains des Romains, ne réussissoit point, il reviendroit lui-même à

Carthage. Arrivé à Rome, Régulus voyoit de l'utilité dans le succès de sa mission, mais utilité que, comme l'événement le prouva, il jugea bientôt illusoire et fausse. Cette utilité, la voici :

Vivre au sein de sa patrie, dans l'intérieur de sa maison, avec sa femme et ses enfans, regarder sa défaite comme un des hasards de la guerre, tenir le rang d'un Consulaire, peut-on douter qu'il n'y eut dans cela de l'utilité? la grandeur d'âme et le vrai courage n'y en voient point; voulez-vous de meilleurs juges? ne rien craindre de tout ce qui peut arriver de fâcheux dans le cours de la vie, braver tous les accidens humains, et sur-tout n'en regarder aucun comme intolérable, tel est le propre de ces deux héroïques qualités; que fit donc Régulus ? Il vint au Sénat, rendit compte de sa mission, et refusa d'ouvrir son avis, disant que tant que son serment le tiendroit dans la dépendance de l'ennemi, il ne se regarderoit point comme Sénateur. Il alla même plus loin (l'insensé, dira quelqu'un, qui devenoit l'ennemi même de sa propre conservation); il soutint qu'il n'y avoit point d'avantage pour la République, de rendre les prisonniers, que c'étoient des jeunes gens et de bons officiers, et que pour lui, il étoit déjà affoibli par le nombre des années. Ses raisons prévalurent. On garda les prisonniers, et Régulus retourna à Carthage. L'amour de sa Patrie, la tendresse pour les siens, rien ne fut capable de le retenir. Il n'ignoroit pas cependant qu'il alloit se livrer à un ennemi implacable, et braver les plus affreuses tortures, mais il croyoit devoir garder son serment. Ainsi les angoisses d'une mort lente, préparées par une barbare insomnie, étoient préférables à la vie qu'eût prolongé dans sa maison, un vieillard libre, il est vrai, des fers des Carthaginois, mais qui n'auroit été regardé, cependant, que comme leur prisonnier, que comme un Consulaire parjure.

§. VIII.

Pyrrhus ayant déclaré la guerre au Peuple romain, sans y être provoqué, et ne s'agissant dans cette guerre, entre la République et un Roi brave et puissant, de rien moins que de l'empire de l'univers; un transfuge pénétra secrettement dans le camp de Fabricius, et promit, que si on vouloit le récompenser, il rentreroit dans celui de Pyrrhus, aussi secrettement qu'il en étoit sorti, et qu'il l'empoisonneroit. Fabricius le fit remettre entre les mains de Pyrrhus, et cette action fut louée par le Sénat. A n'envisager cependant que ce qui passe pour être utile, que ce qui est considéré comme tel, un seul transfuge eût mis fin à une guerre très-périlleuse, et eût débarassé la République d'un ennemi redoutable, mais ç'auroit été un grand déshonneur, un opprobre inéfaçable, de triompher, non par les armes, mais par le crime, d'un ennemi avec lequel nous devions nous mesurer dans les champs de l'honneur et de la gloire.

§. IX.

Que signifie la balance de Critolaüs ? il prétendoit que si dans l'un des côtés l'on mettoit les biens de l'âme, et dans l'autre les biens du corps, le premier côté l'emporteroit avec avantage, quand même on mettroit encore pour contre-poids dans le second, et la terre et les mers.

CHAPITRE VII.

De l'Éloquence.

§. I.

Rien ne me paroît au-dessus du talent de l'orateur qui sait captiver un nombreux auditoire, enchanter les esprits, et leur faire adopter ou rejetter à son gré ce qu'il lui plait de proposer. Ce talent est le seul, qui chez un peuple libre sur-tout, et dans les grandes cités qui jouissent du calme et de la paix, ait toujours brillé du plus vif éclat, et obtenu une influence décidée sur tous les esprits. N'est-ce pas en effet une chose admirable, que de voir au milieu d'un grand peuple, un homme faisant seul, ou du moins avec peu de concurrents, ce que tous pourroient également faire, puisque la nature a donné à tous, les moyens qu'il emploie. Est-il rien qui flatte plus délicieusement l'oreille et l'esprit, qu'un discours enrichi de maximes pleines de sagesse, et dont le stile pur et brillant ne respire d'ailleurs que noblesse et dignité ? quel empire plus imposant, plus absolu, que celui d'un orateur, fixant par la parole la mobilité du peuple, et faisant oublier aux tribunaux dont il enlève les suffrages, le respect qui les enchaîne à leurs anciennes formules et au Sénat lui-même, auquel il commande en quelque sorte des décrets, la majestueuse lenteur de ses délibérations ? quoi de plus grand, de plus noble, de plus généreux, que de subvenir au foible qui réclame un appui, que de protéger ceux qui sont opprimés, que de les arracher aux dangers qui les menacent, que de les maintenir dans les droits de cité, que de leur sauver la vie ? est-il rien d'ailleurs de plus nécessaire que d'avoir des armes toujours prêtes, soit pour nous défendre nous-mêmes, soit pour braver

ver les méchans, soit pour repousser leurs attaques ?

Mais pour ne pas toujours parler de tribune aux harangues, de barreau, de Sénat, est-il rien de plus délicieux, de plus approprié à nos goûts, lorsque nous sommes débarrassés d'affaires, que d'avoir avec nos semblables des conversations aimables, des entretiens pleins d'urbanité et de politesse ! Une chose sur-tout nous distingue des brutes, c'est que nous pouvons nous entretenir les uns avec les autres, et nous communiquer, par le secours de la parole, nos plus secrettes pensées; or quel est l'homme qui, frappé de cette admirable prérogative, pourroit ne pas faire les plus grands efforts pour l'emporter sur ses pareils, en employant le moyen par lequel l'homme lui-même l'emporte sur la brute ?

Mais revenons à ce qui consacre à jamais le triomphe de l'éloquence. Quelle autre puissance plus entraînante auroit pu rapprocher et réunir les hommes dispersés çà et là, et leur faire abandonner un genre de vie féroce et sauvage, pour les amener à l'état de civilisation ? Il fut un temps où les hommes, semblables aux bêtes, erroient à l'aventure dans les champs, et comme elles, se nourrissoient de carnage ; la raison alors n'étoit point écoutée ; c'étoit la force qui décidoit de tout. Il n'existoit encore, ni principes religieux, ni rapports de bienveillance d'homme à homme ; on ne connoissoit point les lois saintes du mariage, et la paternité ne savoit sur quelle tête faire reposer sa tendresse; personne n'avoit la moindre notion des règles de la justice et de l'équité : jouet infortuné de l'erreur et de l'ignorance, l'homme se laissoit dominer par une aveugle et téméraire cupidité qui, pour se satisfaire, abusoit de toutes les forces du corps, comme d'autant de satellites insatiables. Un homme se rencontra alors, un homme d'un génie supérieur et d'une profonde sagesse, qui comprit quelle mine féconde on trouveroit dans l'âme de l'homme, pour l'élever au point de grandeur vers lequel il avoit une grande tendance, si on parvenoit à mettre en œuvre cet heureux fond, et à l'améliorer en le cultivant. Les hommes, vivant isolés les uns des autres, n'avoient pour demeure que des an-

très profonds; il trouva le secret de les rassembler, puis il leur fit connoître la moralité des actions, et leur montra ce que chacune d'elles avoit d'utile et d'honnête. Ils s'effarouchèrent d'abord d'un état de choses si extraordinaire et si nouveau pour eux, mais ensuite il vint à bout, à force de raison et d'éloquence, de captiver toute leur attention, toute leur confiance; et de farouches, d'impitoyables qu'ils étoient, d'en faire des hommes pleins de douceur et de bonté.

La sagesse toute seule, et sans le secours de l'éloquence, auroit-elle jamais pu opérer de si grands changemens, et faire embrasser aux hommes les différentes professions qu'ils exercent aujourd'hui ? je ne le crois pas; mais depuis qu'il existe des états policés, comment auroit-il été possible, si l'éloquence n'avoit fait prévaloir les grandes vérités découvertes par la raison, de faire aimer aux hommes la bonne foi et la justice, de les accoutumer à une subordination volontaire, et à consacrer au service public, non-seulement leurs peines personnelles, mais leur existence même et leur propre vie. Assurément ceux qui avoient la conscience de leurs forces, n'auroient jamais consenti, s'ils n'eussent été subjugués par l'éloquence, à se soumettre à une jurisdiction réglée, à se rabaisser au niveau des plus foibles, et à se dépouiller d'une supériorité tout-à-fait flatteuse pour leur amour-propre, et dont l'exercice, remontant à l'origine des choses, paroissoit n'être que le développement des droits de la nature elle-même.

§. II.

On dit qu'il y a différens genres d'éloquence, comme il se trouve différens genres de poësie. Cela n'est pas étonnant : il est vrai que la poësie reconnoit plusieurs genres, car les poëmes tragiques et comiques, de même que les poëmes épiques et lyriques ne se ressemblent nullement entr'eux; ainsi ce seroit tout gâter que de mêler le comique et le tragique; chaque genre a un ton déterminé et un accent particulier, auquel les connoisseurs ne se méprennent jamais. Si l'on distingue de même différens genres d'éloquence, le genre sublime qui est grave et magnifique, le genre simple qui est clair et précis, le genre tempéré qui participe de l'un et de l'autre, on pourra remarquer quelque différence, sensible peut-être par rapport à ceux qui cultivent l'éloquence, mais presque nulle, relativement à l'éloquence même. En effet, quand on parle d'éloquence, on recherche ce qu'elle a de plus parfait; et quand il est question des orateurs, on n'examine que ce qu'ils sont.

L'orateur parfait est celui qui sait instruire, plaire et toucher. Instruire est un devoir pour celui qui parle : plaire, un hommage rendu à l'auditeur; toucher, une nécessité. Il faut avouer que les orateurs atteignent ce but avec plus ou moins de succès. Cela vient, non de la différence du genre, mais de l'inégalité du talent. Ainsi, on doit regarder comme excellent, l'orateur qui remplit parfaitement les trois devoirs qui lui sont imposés; comme médiocre, celui qui les remplit foiblement; comme mauvais, celui qui les remplit mal. On leur donne cependant à tous le nom d'orateurs, comme on appelle *peintres*, même les barbouilleurs d'enseignes. Ce n'est point l'art, c'est le talent qui met entr'eux de la différence. Il n'y a point d'orateur qui ne voulût être Démosthène; mais Ménandre ne fut jamais tenté de rivaliser avec Homère. Il travailla dans un autre genre: c'est ce qu'on ne peut pas dire des orateurs; ou si on le dit, sous le prétexte que l'un pour être nerveux, sacrifie la délicatesse, qu'un autre, au contraire, aime mieux être serré et pressant, que fleuri et orné, on le dit, parce que chacun d'eux s'exerce dans un genre sans doute tolérable, mais non pas le meilleur, car le meilleur est celui qui réunit tout ce que l'art a de parfait.

§. III.

Toutes les fois que je songe aux grands hommes, et aux génies supérieurs qui ont existé dans tous les temps, je me demande pourquoi l'éloquence est de toutes les professions, celle qui en a le moins produit. En effet, sur quelque état que l'on arrête sa pensée, on remarque des hommes qui ont excellé, non dans les arts qui n'exigent que de médiocres efforts, mais dans ceux qui demandent le plus de vues et de moyens. Si l'on juge de la grandeur du mérite par l'utilité et l'importance des services, qui est-ce qui ne préfère pas un général d'armée à un orateur? Or, la seule ville de Rome a fourni une foule d'illustres capitaines, et à peine compte-t-elle quelques orateurs.

Quant aux hommes d'état qui ont sagement gouverné la République, nous en avons connu plusieurs; nos pères et nos aïeux en ont encore vu un plus grand nombre; mais pour des orateurs, Rome a été long-temps sans en produire; et, depuis le premier qui a paru parmi nous, à peine en avons-nous eu un par siècle qui ait été supportable.

On me dira peut-être qu'il n'y a point de rapprochement à faire entre le talent de la parole et l'art de commander une armée ou de délibérer dans le Sénat, et qu'on ne peut établir à cet égard de point de comparaison, qu'avec les différens arts qui demandent la méditation du cabinet et la réunion d'une foule de connoissances. Examinons donc ces différens arts, et voyons les personnages qui s'y sont distingués, et combien on en compte : il nous sera facile de reconnoître alors le petit nombre d'orateurs qui se trouve aujourd'hui et qui s'est toujours trouvé parmi nous.

Vous n'ignorez pas que les hommes les plus instruits ont toujours regardé la science que les grecs appellent philosophie, comme la source et pour ainsi dire la mère de toutes les autres; or, il seroit bien difficile de fixer le nombre de ceux qui se sont illustrés par la profondeur, par l'étendue et par la variété de leurs connoissances; et cela, en s'attachant, non à un seul objet, mais en embrassant toute la sphère des conceptions humaines, et en la dominant en quelque sorte par la méthode de l'analise et par la force du raisonnement.

C'est une vérité généralement reconnue, que la matière sur laquelle les mathématiciens travaillent, est obscure, abstraite, étendue, profonde; cependant, tant de gens ont excellé dans cette partie, qu'on diroit que pour y réussir, il ait suffi de s'y être fortement appliqué. Il en est de même de la musique et de cette sorte d'étude qui est le partage des littérateurs ou grammairiens. Toutes les fois qu'on s'y est livré tout entier, on y a toujours eu du succès, quoique ces deux arts présentent de grandes difficultés, et qu'ils qu'ils aient une infinité de branches et de ramifications.

Je vais énoncer une vérité; je ne crois pas que l'on me la conteste : dans les beaux arts, la poësie a fourni le moins de modèles; cependant, si l'on examine, soit parmi les grecs, soit parmi nous, le nombre de ceux qui se sont distingués dans ce genre, d'ailleurs si difficile, et où il est si rare d'exceller, on trouvera encore plus de bons poëtes que de bons orateurs.

Cela doit paroître d'autant plus étonnant, que l'étude des autres arts est, comme nous l'avons déja observé, fort abstraite et tient à des principes peu connus; au lieu que le talent de la parole est d'un usage commun, journalier, à portée de tout le monde. Ainsi, ce qu'on admire le plus dans les autres sciences, est ce qu'il y a de moins familier aux personnes peu instruites, tandis qu'en matière d'éloquence, le plus grand défaut est de ne pas parler comme les autres, et de ne pas se rendre intelligible à tous.

On ne peut cependant pas dire que parmi nous on donne la préférence aux autres arts, qu'ils soient plus attrayans et qu'ils offrent des espérances plus solides d'avancement, ou des motifs plus puissans de mériter et d'obtenir de brillantes récompenses; car, sans parler de la Grèce qui a toujours eu des prétentions à la palme de l'éloquence, ni d'Athènes où l'art de bien dire est né, et s'est élevé au plus haut point de perfection, jamais à Rome on n'a montré, pour aucun art, un goût plus vif que pour l'éloquence. A peine la conquête de l'univers nous eût-elle procuré une paix solide et un honorable repos, que ceux de nos jeunes gens que le sentiment de la gloire animoit, s'élancèrent dans cette brillante carrière; mais dépourvus du secours d'une méthode sûre pour se diriger, et ne soupçonnant pas l'influence que l'exercice de leur art pouvoit avoir sur leurs succès, ni même que cet art eût des règles, ils éprouvèrent que la mesure de leur application et de leurs dispositions naturelles, étoit nécessairement celle de leurs progrès dans la connoissance de l'art. Mais quand une fois ils eurent entendu les orateurs grecs, qu'ils eurent étudié leur littérature, et pris des maîtres parmi eux, ils se sentirent un désir incroyable de parler en public. L'importance des affaires, la variété, le nombre infini de causes de toute espèce, étoient un puissant aiguillon pour qu'à l'étude du cabinet, ils joignissent un fréquent usage de la parole, usage qui valoit infiniment mieux que les leçons des meilleurs maîtres. D'ailleurs, c'étoit alors comme aujourd'hui, la route la plus sûre pour arriver à la faveur, aux richesses, aux honneurs. Ajouterai-je qu'il y a toujours eu parmi nous, beaucoup plus de solidité d'esprit que chez tout autre peuple policé, quel qu'il soit; c'est un fait qu'il n'est pas possible de contester.

N'est-il pas très-extraordinaire après cela, qu'à quelque siècle qu'on remonte, à quelqu'époque, quelque nation qu'on s'arrête, on trouve toujours une grande disette d'orateurs. Sans doute leur art est quelque chose de supérieur à l'idée qu'on en a, et demande une plus grande réunion de talens et de connoissances que l'on ne l'imagine ordinairement ; car enfin, cette étonnante disette d'orateurs, malgré la foule de ceux qui étudient l'art de l'éloquence, et des excellens maîtres qui en donnent des leçons, malgré tant de beaux génies qui cultivent cet art, malgré le nombre infini de causes en tout genre, et du plus grand intérêt qui se présentent à défendre tous les jours ; enfin, malgré tant de récompenses offertes à leurs efforts, à quoi l'attribuer, sinon à l'incroyable difficulté qui se trouve dans l'exercice même de l'art ?

Et en effet, il faut qu'un orateur

ait acquis un fonds inépuisable de connoissances, sans quoi il ne fera entendre qu'un flux de paroles insignifiantes et ridicules : son discours doit briller, non-seulement par le choix, mais par l'arrangement des mots ; et comme tout son art consiste à calmer ou à émouvoir les passions de ceux qui l'écoutent, il faut qu'il connoisse tous les ressorts du cœur humain. Combien de choses parfaites il doit réunir ! un ton plein de grace et d'enjouement, le savoir d'un galant homme, la vivacité dans l'attaque et la défense, sans jamais s'écarter de l'honnêteté et de la politesse ; la connoissance de l'antiquité et des exemples qu'elle fournit ; celle des lois et du droit civil. Que dirai-je de l'action ? de l'action qui se compose des mouvemens du corps, du geste, de l'air du visage, du ton de la voix et de ses différentes inflexions. L'art des comédiens, tout frivole qu'il est, peut nous faire sentir l'extrême difficulté d'exceller dans cet partie : il y en a bien peu dont la déclamation et le jeu nous paroissent supportables. Quant à la mémoire, qui tient en dépôt toutes les connoissances humaines, je me bornerai à une seule réflexion : si elle n'est pas la gardienne fidèle des découvertes utiles, des grandes pensées, et même des expressions, on sent assez que ces précieux élémens, sans lesquels il n'y a point d'éloquence, seront perdus pour l'orateur.

Ne soyons donc point étonnés du petit nombre d'orateurs, puisque l'éloquence exige une foule de connoissances, dont chacune en particulier, ne s'acquièrt que par le travail le plus opiniâtre.

CHAPITRE VIII.

De l'Amitié.

§. I.

L'AMITIÉ est selon moi le plus beau présent, qu'après la sagesse, les Dieux immortels aient pu faire à l'homme. Il se rencontre cependant de prétendus philosophes qui préfèrent, les uns l'opulence, les autres la santé, ceux-ci la puissance, ceux-là les honneurs, d'autres enfin la volupté; mais la volupté est le digne partage des bêtes brutes. A l'égard des richesses, de la santé, de la puissance, ce sont des biens fragiles et incertains qui dépendent moins de notre prudence que des hasards de la fortune.

Ceux-là ont souverainement raison, qui placent le bien suprême dans la vertu ; et en effet, c'est la vertu qui est le principe et le plus fort lien de l'amitié : l'amitié ne peut donc subsister sans la vertu. Définissons la vertu, et sans nous arrêter aux pompeuses paroles de certains savans, de certains philosophes, attachons à ce mot l'idée qu'il présente dans le commerce ordinaire de la vie et dans le langage reçu. Regardons dès-lors comme hommes de bien et comme dignes de la réputation dont ils jouissent, les Paulus, les Catons, les Gallus, les Scipions, les Phylus, et ne nous occupons point de prétendus sages qui n'ont jamais existé.

L'amitié, quand elle rapproche de pareils hommes, établit entr'eux mille convenances, mille rapports, qui sont d'un agrément infini.

D'abord, comment peut-on, comme dit Ennius, goûter la vie, quand on n'a pas un ami sur lequel on puisse, pour ainsi dire, se reposer? qu'y a-t-il de plus doux, que d'avoir un autre soi-même avec lequel on ose penser tout haut? la prospérité auroit-elle quelques charmes pour nous, si personne n'étoit sensible à ce qui nous arrive d'heureux? et comment résisterions-nous au malheur sans un ami qui nous aidât à en porter le poids, et qui, dans des circonstances pénibles pour nous, montrât peut-être plus de vrai courage que nous-mêmes? Ensuite, chacun des autres objets qui irritent la cupidité, n'a qu'une sphère circonscrite et bornée. On désire les richesses pour la dépense, le crédit pour la considération, les honneurs pour la vanité, la volupté pour le plaisir des sens, la santé pour ne pas éprouver de souffrances et pour jouir de toutes les fonctions corporelles. L'amitié, au contraire, présente et réunit une foule d'avantages ; dans quelque situation que vous vous trouviez, elle s'offre à vous et n'est nulle part étrangère, jamais à charge, et comme le dit le proverbe : *le feu et l'eau ne sont pas, en beaucoup d'endroits, d'un plus fréquent usage que l'amitié.*

Je ne parle pas de ces amitiés foibles et communes (lesquelles ont pourtant leur prix, et ne sont pas sans agrément), mais de la véritable et parfaite amitié, de celle du si petit nombre d'hommes vertueux dont les noms sont célèbres. La sincère amitié embellit les succès et rend l'adversité plus douce et plus légère, parce qu'elle en partage l'amertume ; et même, parmi cette foule de biens dont elle est la source, le plus précieux, sans contredit, c'est qu'en nous montrant un avenir heureux, elle ranime notre courage et nous empêche de succomber sous le poids de nos maux.

Contempler un véritable ami, c'est voir en lui comme une image de soi-même; l'absent est présent, le pauvre est riche, le foible a des forces, et ce qui est incroyable, les morts mêmes sont pleins de vie, tant l'estime, le souvenir, les tendres regrets de l'amitié, leur redonnent l'existence.

l'existence. Aussi, de deux amis, celui qui survit s'honore par la continuité de son attachement, mais celui qui a cessé de vivre est regardé comme le plus heureux.

§. II.

En méditant sur l'amitié, je me suis souvent demandé à moi-même si elle prenoit sa source dans la foiblesse et dans les besoins de l'homme, de manière que par une réciprocité de services, on pût recevoir des autres et leur procurer à son tour ce dont on manqueroit respectivement, ou si les bons offices étoient une suite nécessaire de l'amitié, ou enfin, si l'amitié avoit une origine plus ancienne, plus noble, et qui tînt de plus près à la nature elle-même.

L'amour d'où l'amitié a tiré son

nom, est le principe de notre mutuelle bienveillance : car on tire souvent grand parti, même de ceux auxquels on ne se montre que sous le masque de l'amitié et qu'on ne paroît honorer que parce qu'on se trouve dans des circonstances orageuses. Il n'en est pas de même de l'amitié réelle et véritable : comme elle est ennemie de toute feinte, de tout déguisement, elle ne connoît que la vérité, que le sentiment qui part du cœur. Ce n'est donc point le besoin, c'est la nature qui a fait naître l'amitié ; on s'est livré au secret penchant qui nous porte tous à aimer nos semblables. On n'a pas calculé le profit qui pouvoit en revenir.

Ce que nous remarquons dans les bêtes elles-mêmes, est une image de ce sentiment intérieur. Elles aiment leurs petits, et leurs petits les aiment pendant quelque temps; de manière que ce mouvement naturel devient très-sensible. Il l'est beaucoup plus dans l'homme, d'abord, à cause de la mutuelle tendresse qui éclate entre les pères et les enfans, et qui ne peut s'éteindre que par l'effet d'un crime effroyable, ensuite parce que, quand nous trouvons quelqu'un dont la façon de penser a de l'accord avec la nôtre, ce tendre penchant se développe aussitôt que nous croyons voir briller en lui le flambeau de la vertu et de la probité; car il n'y a rien de plus attrayant que la vertu, rien qui nous porte plus puissamment à ce sentiment de bienveillance envers nos semblables, même envers ceux que nous n'avons jamais vus : tels sont par exemple, Curius et

Fabricius. Pourquoi ne nous rappelons-nous jamais leurs noms qu'avec une tendre vénération ? c'est qu'ils furent des modèles de probité et de vertu ; le souvenir d'un Tarquin le superbe, d'un Cassius, d'un Mélius, ne fait naître en nous, au contraire, que des sentimens pénibles de haine et d'aversion. Deux généraux ennemis, Pyrrhus et Annibal, sont descendus autrefois en Italie, pour nous disputer l'empire ; le premier avoit de la probité, des vertus, nous n'en voulons presque plus à sa mémoire ; quant au Carthaginois, il étoit d'une cruauté rafinée, Rome lui a juré une haine immortelle. Si tel est l'ascendant de la probité, que nous l'aimions, non-seulement dans ceux que nous n'avons jamais vus, mais ce qui est bien plus décisif encore, dans un ennemi, est-il étonnant qu'elle fasse une si vive impression sur le cœur de ceux qui croient remarquer dans des personnes avec lesquelles ils sont à portée de contracter des liaisons, un grand fond d'honneur et de vertu ?

Il est vrai que la réciprocité d'intérêts et de bons offices, que l'habitude de se voir, ne contribuent pas peu à fortifier l'amitié, et que ce surcroit, ajouté à ce premier mouvement de l'âme, à cette sensibilité naturelle, donne à cette mutuelle bienveillance un ressort et des développemens admirables. En rechercher le principe, dans cette foiblesse respective qui fait que chacun de nous désire un point d'appui pour parvenir à ce qu'il désire, c'est donner à l'amitié une origine bien basse et bien ignoble. S'il en étoit ainsi, moins on auroit de ressources en soi-même, et plus on se croiroit propre à l'amitié. Cependant c'est tout le contraire, car plus on sent qu'à force de vertu et de sagesse on peut se passer des autres et se suffire à soi-même, plus on se sent porté à se faire des amis et à les cultiver. Quel besoin, par exemple, le second Africain avoit-il de moi? (*) nul assurément. Peut-être aussi pouvois-je me passer de lui; cependant moi, plein d'admiration pour sa vertu, lui prévenu en ma faveur, par l'idée avantageuse qu'il prit de mon caractère et de mes habitudes, nous nous aimâmes de bonne foi. L'habitude fortifia notre amitié, et quoique cette amitié nous

---

(*) C'est Lelius qui parle.

ait procuré à l'un et à l'autre de grands avantages, cette vue n'est cependant jamais entrée pour rien dans notre liaison.

Bienfaisans et généreux, non par des vues d'intérêt (car la bienfaisance n'est pas un objet de lucre et de calcul mercantile), mais par l'impulsion d'un sentiment naturel, nous ne recherchons dans l'amitié que l'amitié même. Nous sommes bien loin de penser à cet égard, comme ceux qui, à la manière des bêtes, rapportent tout au plaisir des sens, et cela n'a rien d'étonnant. Des gens dont toutes les pensées s'abaissent à cet excès d'avilissement, ne peuvent imaginer rien de grand, ni s'élever à cette hauteur de conceptions sublimes et presque divines. Il ne peut donc pas être question ici d'eux;

mais nous, soyons bien convaincus que l'amitié, ce besoin d'aimer qu'éveille l'image de la vertu, est un sentiment que la nature elle-même fait éclore dans nos cœurs, et que ceux que cette image de la vertu touche et attire, ne recherchent les hommes dans lesquels elle brille, que pour jouir des charmes d'une liaison précieuse, que pour établir entr'eux un combat d'égards et de sentimens de tendresse, et tâcher de l'emporter les uns sur les autres, à force de prévenances et de bons offices. Voilà la seule rivalité que l'amitié puisse admettre; voilà les avantages inapréciables dont elle est la source, et c'est ainsi qu'elle n'est point le produit de la foiblesse et du besoin de secours étrangers, mais qu'elle puise dans la nature elle-même, sa noble et véritable origine. Et en effet, si l'intérêt étoit le lien de l'amitié, elle cesseroit d'exister quand il ne la soutiendroit plus ; mais il en est de la véritable amitié comme de la nature, elle ne change jamais.

Je crois qu'il a existé en Grèce, des hommes auxquels même, à ce que j'entends dire, on donnoit le nom de sages, qui ont été fort amateurs du paradoxe ; il n'est rien que ces sophistes ne viennent à bout de prouver par leurs vains et captieux raisonnemens. Ils avancent donc, qu'il ne faut pas trop se livrer à l'amitié, de peur que l'un des amis ne se trouve forcé de supporter les peines et les embarras de plusieurs ; qu'on a assez de ses affaires personnelles, qu'il y a trop d'inconvéniens à se trouver mêlé dans celles des autres, qu'il est infiniment raisonnable de tenir les rênes de l'amitié très-lâches pour les resserrer ou même les alonger encore s'il est nécessaire. Que la tranquillité est la seule bâse du bonheur, et qu'il n'y en a point pour quiconque veut se charger seul de différens intérêts.

On prétend qu'il y en a d'autres qui sont moins raisonnables encore, et qui disent, comme j'en ai déjà touché un mot en passant, qu'il faut se faire des amis, non pour obéir à aucun penchant d'affection et de bienveillance envers ses semblables, mais pour nous ménager de l'aide et de l'appui en cas de besoin; que moins on a en soi-même de ressources et de forces, plus on doit s'occuper d'en trouver au dehors; que c'est ce qui fait que les femmes sont plus susceptibles d'amitié que les hommes, les pauvres plus que les riches, les infortunés plus que ceux qui sont réputés heureux. O la consolante philosophie ! priver les hommes de l'amitié, de ce présent le plus doux, le plus délicieux que le ciel ait pu faire à la terre, c'est priver l'univers de la lumière bienfaisante du soleil.

§. III.

N'écoutons donc point les hommes noyés dans les délices, qui disputent sur l'amitié qu'ils ne connoissent ni par la pratique, ni même en théorie. Qu'est-ce qui consentiroit, grands Dieux ! à vivre dans l'abondance et à regorger de richesses, à condition de n'aimer jamais et de n'être jamais aimé ? C'est-là le sort des tyrans, ils ne connoissent ni bonne foi ni sentiment d'affection sur lesquels on puisse compter : tout leur est suspect ; tout est pour eux objet d'inquiétude, il n'y a point dans leur cœur de place pour l'amitié : comment aimeroient-ils ceux qu'ils redoutent, ou auxquels ils se croyent eux-mêmes redoutables ? On leur fait cependant une sorte de cour tant qu'ils ont le pouvoir en main ; mais qu'ils éprouvent un revers, (et c'est ce qui leur arrive souvent) alors on voit à quel point ils manquent d'amis.

On dit que Tarquin, chassé de Rome, déclara que depuis qu'il ne pouvoit plus faire ni bien ni mal, il avoit parfaitement reconnu quels avoient été ses vrais et ses faux amis. Si cependant, ce que je ne puis croire, un homme si altier, si cruel, a jamais

mais pu avoir un véritable ami ! un semblable caractère est trop en opposition avec les vertus qu'il faut avoir pour se procurer de solides amis. Il en est de même de ceux à qui leurs richesses donnent un grand crédit : point d'amitié sûre avec eux ; la fortune est non-seulement aveugle, mais elle rend tels, ceux à qui elle prodigue ses faveurs ; et bientôt ces nouveaux riches deviennent dédaigneux et d'une arrogance extrême, et l'on sait assez qu'il n'y a rien de plus insupportable qu'un nouveau parvenu. Ne voyons-nous pas tous les jours des hommes d'un commerce liant et très-faciles à vivre, changer de mœurs, dès qu'ils parviennent au pouvoir, au commandement et à la fortune et qui méprisant alors leurs vieux amis, cherchent à faire de nouvelles liaisons.

Est-il démence comparable à celle d'un homme qui, ayant tous les moyens possibles de se procurer ce qu'on obtient avec de l'argent, des chevaux, des esclaves, un superbe ameublement, des vases précieux, ne s'occupe pas du soin de se faire des amis solides, la plus belle et, si j'ose le dire, la plus désirable de toutes les emplettes? Tout ce qu'on achète d'ailleurs, sait-on quel en sera le vrai propriétaire? ces sortes de choses finissent par rester au plus fort; mais nos amis sont pour nous une possession certaine, une jouissance assurée. En vain même conserverions-nous tous les dons de la fortune: si nous n'avions pas d'amis, nous ne goûterions jamais le bonheur.

§. IV.

Il faut en quelque sorte circonscrire l'amitié et poser les bornes entre lesquelles elle doit se renfermer; il y a là-dessus trois opinions dont je n'approuve aucune.

La première, que nous soyons disposés à faire pour nos amis ce que nous ferions pour nous-mêmes.

La seconde, que nos sentimens de bienveillance pour eux soient dans la plus exacte mesure avec ceux qu'ils ont pour nous.

La troisième, que nous n'ayons pas sur leurs dispositions intérieures, d'autre idée que celle qu'ils en ont, et que nous conformions notre façon de penser sur leur compte à celle qu'ils ont d'eux-mêmes.

Je l'ai déjà dit, je ne suis d'aucun de ces trois avis.

Premièrement, rien de plus erroné que de penser qu'il faille être disposé à ne faire pour un ami que ce qu'on feroit pour soi-même; et véritablement, combien de choses on fait pour un ami, que l'on ne feroit pas pour soi! S'abaisser aux prières, vis-à-vis d'un homme méprisable, paroître devant lui en posture de suppliant, ou bien traiter durement quelqu'un et le pousser jusques dans les derniers retranchemens, voilà de ces choses qu'on rougiroit de faire pour soi, mais dont on s'honore, quand il s'agit de servir un ami. Il existe d'ailleurs une foule de choses d'intérêt sur lesquelles d'honnêtes gens font volontairement ou consentent des sacrifices, pour que leurs amis en jouissent plutôt qu'eux-mêmes.

Secondement, prétendre assujettir à une espèce de niveau, la mesure réciproque de bienveillance et d'affection entre deux amis, c'est calculer l'amitié avec trop de petitesse et de mesquinerie, c'est compter les services rendus et les services reçus, c'est vouloir que les uns balancent rigoureusement les autres. La véritable amitié est plus généreuse et plus magnifique : elle n'est pas en quelque sorte sur ses gardes, pour ne pas rendre plus qu'elle n'a reçu. Il ne faut pas craindre d'en faire trop pour un ami, ni que dans ce que nous faisons pour lui, il y ait quelque chose de perdu.

Quant à la troisième opinion, qui est de nous conformer à la manière de penser de nos amis eux-mêmes, c'est la plus insoutenable. On en trouve souvent qui se livrent au découragement et qui désespèrent trop d'améliorer leur sort ; ce seroit trahir l'amitié que de penser comme eux. Il est au contraire d'un véritable ami de faire de constans efforts pour relever leur courage, et leur faire concevoir de meilleures espérances. Il faut donc chercher d'autres règles pour déterminer la mesure de la véritable amitié ; mais avant tout, je dois m'expliquer sur une chose qui soulevoit toujours d'indignation le grand Scipion : il soutenoit qu'on ne pouvoit rien trouver de plus éversif de l'amitié, que le mot de celui qui avoit osé dire, qu'*on doit aimer comme pouvant haïr un jour ;* qu'il ne pourroit jamais se persuader que ce mot fût, comme on le croyoit, de Bias, l'un des sept sages, mais qu'il pensoit que c'étoit le langage de quelqu'homme profondément corrompu, ou de quelqu'ambitieux, ou d'un égoïste forcené qui rapportoit tout à la fortune ; car comment seroit-il possible d'être véritablement l'ami de quelqu'un dont on croiroit pouvoir devenir un jour l'ennemi. Il faudroit donc, pour avoir de plus fréquentes occasions de se brouiller avec un ami, désirer qu'il fît fautes sur fautes : il faudroit, par la raison contraire, que sa bonne conduite, que ses succès, fussent pour nous autant de sujets de chagrin, de douleur, de noire jalousie. Cette prétendue maxime n'est donc propre, quelqu'en soit l'auteur, qu'à anéantir l'amitié. Il valoit bien mieux nous recommander d'apporter tant de soins dans le choix de nos amis, que nous ne nous exposassions jamais à haïr celui que nous aurions commencé d'aimer. Scipion pensoit même, que si notre choix n'avoit pas été heureux, c'étoit une funeste méprise dont il valoit encore mieux courir les chances que de s'occuper du moment où l'inimitié pourroit commencer.

Voici donc jusqu'où, selon moi, on peut aller en amitié : entre gens honnêtes et purs, point de réserve, tout doit être commun, fortune, projets, déterminations; et s'il arrive que l'un des deux ne soit pas tout-à-fait irréprochable, et que les circonstances soient telles que sa vie ou sa réputation courent des risques, il faut que l'autre, pour le défendre, sorte un peu de la règle du devoir, pourvu toutes fois que par là, il ne se couvre pas lui-même d'un extrême déshonneur; c'est là tout ce qu'on peut accorder à l'amitié.

§. V.

Il faut choisir des amis d'un caractère ferme, solide, inébranlable; l'espèce n'en est pas commune, et pour les bien juger, il faut les avoir éprouvés; or, c'est l'amitié qui les éprouve. Il arrive de-là, que l'amitié se forme avant qu'on puisse se juger et qu'elle ôte jusqu'à la possibilité de l'examen et de l'épreuve.

Avant de former des liaisons d'amitié, il est prudent d'imiter ceux qui se préparent à une course de chars : ils ne s'élancent dans la carrière qu'après avoir essayé leurs chevaux. Il faut de même s'assurer, jusqu'à un certain point, des hommes que l'on veut choisir pour amis. Souvent le plus mince intérêt pécuniaire suffit pour mettre au grand jour le foible des uns; si d'autres font volontiers de petits sacrifices d'argent, ils n'en feront point de grands et ils seront bientôt connus. Je veux qu'il s'en trouve qui regardent comme une bassesse de préférer l'argent à l'amitié; en est-il qui la préfèrent aux honneurs, aux magistratures, au commandement, au crédit, à l'autorité, et qui voyant d'un côté les avantages de la fortune, et de l'autre ceux de l'amitié, ne se décident sur-le-champ pour les premiers? Nous sommes trop foibles pour dédaigner les grandes places et résister à tout ce qu'elles ont de séduisant; si même il arrive que pour s'élever il faille négliger l'amitié, on croit trouver une excuse suffisante dans l'importance du motif; aussi est-il très-difficile de trouver de véritables amis parmi ceux qui ambitionnent les honneurs ou qui veulent parvenir au maniement des affaires; et en effet, où rencontrer quelqu'un qui préfère à sa propre élévation, celle de son ami ?

§. VI.

Rompre avec un ami, est une sorte de calamité, mais quelquefois inévitable. Je ne parle plus de l'amitié qui existe entre des sages; je parle des liaisons ordinaires. Souvent des amis se portent tout-à-coup à des excès préjudiciables à leurs amis et à des tiers, mais dont toute la honte rejaillit sur leurs amis. De pareilles amitiés doivent trouver leur fin dans la cessation des anciens rapports; et il faut, comme je l'ai entendu dire à Caton, plutôt *les découdre que de les déchirer*; à moins qu'il ne soit question d'une infamie, après laquelle il ne soit ni juste, ni honnête, ni possible de différer une rupture, et même de ne pas la faire sur-le-champ avec éclat.

§. VII.

On trouve des hommes assez injustes, pour ne pas dire assez déhontés, qui voudroient trouver dans un ami, des qualités qui leur manquent à eux-mêmes, et pour en exiger des services qu'ils savent bien se dispenser de leur rendre; la raison, au contraire, veut que d'abord on soit honnête, et qu'ensuite on on cherche quelqu'un qui le soit aussi. Pour que l'amitié soit solide et durable, (et c'est là l'objet dont nous nous occupons depuis assez long-temps) il faut que ceux qu'elle unit et rapproche, maîtrisent les passions dont les autres sont les esclaves, qu'ils aiment par-dessus tout la justice et l'équité, qu'il n'y ait rien que l'un des deux amis ne soit disposé à entreprendre pour l'autre ; que jamais ils ne se demandent que ce qui est conforme à l'honneur, à la probité; et enfin, qu'ils aient l'un pour l'autre, non-seulement des égards, et les sentimens d'une mutuelle affection, mais une sorte de réserve et de respect. Car, enlever à l'amitié cette sage et modeste retenue, c'est la dépouiller de son plus bel ornement; ainsi, c'est une bien pernicieuse erreur de croire que l'amitié autorise toutes sortes de licences et d'excès. La nature nous a donné l'amitié pour être, non la compagne du vice, mais l'aide et le soutien de toutes les vertus.

§. VIII.

Il n'y a rien au monde d'une utilité plus généralement reconnue, que l'amitié; beaucoup de gens affectent de déprimer la vertu elle-même, ils la traitent de vaine montre et de pur charlatanisme; beaucoup d'autres méprisent les richesses; ce sont ceux qui, contens de peu, ne cherchent ni la bonne chère ni le luxe. Quant aux honneurs qui échauffent tant de têtes, combien se trouve-t-il de personnes qui les dédaignent et qui les regardent comme ce qu'il y a de plus frivole et de plus vain. Il en est ainsi de beaucoup d'autres choses, qui paroissent aux uns d'un prix infini, et de nulle valeur aux autres. L'amitié seule réunit tous les sentimens, il n'y a sur cela qu'une seule manière de penser, soit parmi les grands qui se mêlent du gouvernement, soit de la part de ceux qui se livrent à l'étude des lettres ou à la contemplation de la nature, soit parmi les simples citoyens, qui par amour du repos, ne s'occupent que de leurs affaires personnelles; enfin, ceux-mêmes qui ne se livrent qu'à leurs plaisirs, trouvent que vivre sans amis, ce n'est pas vivre en effet, surtout quand on veut tenir par quelqu'endroit à une existence honnête. L'amitié trouve, je ne sais de quelle manière, le secret de pénétrer dans tous les ordres de la société et de se rendre sensible à tous les âges de la vie. Il y a plus, un homme assez barbare, assez farouche pour fuir, pour haïr tout commerce avec ses semblables, un misanthrope enfin, tel qu'on nous dépeint un certain Timon d'Athênes, eh bien! un pareil homme ne manqueroit pas de chercher un individu dans le sein duquel il pût répandre le poison de sa mauvaise humeur. C'est ce qui paroîtroit infiniment plus sensible, s'il pouvoit arriver qu'un Dieu, nous enlevant du milieu des hommes, nous transportât dans un désert, et que, nous enivrant alors de toutes sortes de délices, il nous privât cependant de la faculté de voir qui que ce soit. Quel cœur de bronze pourroit supporter un pareil genre de vie, et ne pas perdre, dans une aussi affreuse solitude, le goût des plaisirs?

Ce que disoit un certain Architas de Tarente, (c'est du moins ce que j'ai appris de nos anciens, qui le tenoient eux-mêmes des vieillards de leur temps) ce que disoit cet homme est donc bien véritable: « Si quelqu'un étoit transporté au » ciel et voyoit à découvert l'harmo- » nie de l'univers et la marche des » astres, cette vue, quelqu'admi- » rable qu'elle soit, lui deviendroit » bientôt insipide, au lieu qu'il la » trouveroit ravissante, s'il avoit un » seul homme auquel il pût raconter » ce qu'il verroit »; tant il est vrai que la nature n'aime point ce qui s'isole et qu'elle cherche toujours un point d'appui ; et en effet, ce point d'appui est ce qu'il y a de plus doux dans l'amitié.

§. IX.

Il faut regarder comme perdu sans ressource celui dont les oreilles sont tellement fermées à la vérité, qu'il ne peut pas même l'entendre de la bouche d'un ami. C'est une maxime de Caton : *que des ennemis qui déchirent, servent mieux que des amis qui flattent, parce que ceux-ci ne disent jamais la vérité, au lieu que les autres la disent souvent.* Un excès de déraison, c'est que ceux qui reçoivent les avertissemens de l'amitié, s'affligent, non pas de ce qui devroit vraiment les contrister, mais de ce qui ne le devroit en aucune manière. Ce ne sont pas leurs fautes qui les tourmentent, ce sont les remontrances qui leur sont insupportables. Cependant ils devroient faire absolument tout le contraire, c'est-à-dire s'affliger de leurs fautes et se réjouir d'en être repris.

Ainsi, comme il importe à l'amitié de donner et de recevoir de salutaires avertissemens, de les donner avec une honnête liberté et sans aigreur, et de les recevoir avec docilité et sans esprit de contradiction, on doit se persuader que rien ne lui est plus funeste que l'adulation, que les cajoleries, que cette aveugle complaisance qui approuve tout. J'emploie ici plusieurs expressions pour mieux caractériser ces hommes inconséquens et trompeurs, qui ne s'occupent qu'à se rendre agréables aux dépens de la vérité. Le déguisement, en toutes choses, est un grand mal; il altère le vrai et empêche de le discerner; et dès-lors, rien n'est plus opposé à l'amitié, car il fait disparoître la vérité; et là où la vérité manque, il ne peut exister d'amitié.

L'un des grands effets de l'amitié est de ne composer, en quelque sorte de plusieurs âmes, qu'une seule âme; mais si l'âme même de deux amis, au lieu d'être une et toujours la même, se trouve mobile, changeante, et se multiplie pour ainsi dire elle-même, comment cette heureuse transformation pourra-t-elle s'opérer? Qu'y a-t-il de plus inconstant, de plus désordonné que l'âme de celui qui, pour se décider, consulte non-seulement la détermination et la volonté de son ami, mais jusqu'à ses moindres signes, jusqu'à l'air de son visage? *Dit-il non, je dis non; s'il dit oui, je le dis aussi-tôt. Je me suis imposé pour règle de tout approuver*..... C'est ainsi que parle Térence, sous le masque de Gnaton, et les Gnatons sont une espèce de gens avec lesquels il est bien imprudent de se lier; or, il se trouve beaucoup de Gnatons, même dans des classes très-supérieures par la naissance, par la fortune, par la renommée. Mais la flatterie est bien dangereuse, quand elle vient de gens qui couvrent leur légèreté d'une sorte de crédit et d'autorité. Cependant, pour peu qu'on y prenne garde, il est aussi aisé de distinguer un faux ami d'un véritable, que de faire le discernement de ce qui est fardé et simulé, d'avec ce qui est naturel et vrai.

CHAPITRE IX.

De la Vieillesse. (*)

Je connois, mon cher Titus, la modération de votre âme, et sa parfaite égalité. Un surnom n'est pas la seule chose que vous ayez rapporté d'Athènes, vous y avez appris à jouir de toute votre raison et à penser en homme. Je soupçonne cependant que comme moi, vous êtes plus frappé peut-être que vous ne le devriez, de certains événemens, qui me bouleversent moi-même, événemens contre lesquels il n'est pas aisé de trouver des motifs de consolation,

---

(*) Voyez pensées diverses, §. 26.

et qu'au surplus nous tâcherons de découvrir dans des circonstances plus heureuses. Je veux dans ce moment-ci vous envoyer quelques réflexions sur la vieillesse, et alléger pour vous, ainsi que pour moi, ce fardeau qui nous est commun à l'un et à l'autre, et qui commence déjà à s'appesantir sur nous, ou dont du moins nous sentons déjà les approches. Je suis bien convaincu que vous le supporterez comme tout le reste, avec tout le courage et toute la sagesse possibles. Mais, voulant écrire là-dessus, vous m'avez paru le seul digne de profiter avec moi des réflexions dont un pareil sujet est susceptible.

Quant à moi, la composition m'en a été si agréable, qu'elle a fait disporoître à mes yeux, tout ce que cet âge a de fâcheux et de triste, et qu'elle m'y a fait découvrir je ne sais quoi de doux et d'attrayant. On ne peut donc donner trop de louanges à la philosophie, puisque c'est en lui obéissant que l'homme peut trouver le bonheur dans toutes les saisons de la vie, mais c'est un sujet que nous avons déjà amplement traité, et qui nous occupera souvent encore. Il s'agit aujourd'hui de la vieillesse et je vous en envoie le traité.

Pour donner plus d'autorité à ce que je dis, j'y ai introduit pour interlocuteur, non pas un Thiton, comme a fait en pareil cas Ariston de Chio, (un personnage fabuleux n'auroit pas mérité assez de croyance) mais Caton le censeur.

Il répond à Lélius et à Scipion, que je suppose pleins d'admiration pour lui, sur ce qu'il montra tant de courage quoique parvenu à une extrême vieillesse; si dans cette occurence il développe plus d'érudition qu'il n'en a fait entrer dans ses propres ouvrages, attribuez cette différence à la connoissance de la langue grecque, à l'étude de laquelle il est constant qu'il s'appliqua beaucoup dans ses dernières années; mais à quoi bon s'étendre plus long-temps là-dessus, Caton va vous expliquer lui-même tout ce que je pense sur la vieillesse.

§. I.

Il n'est aucune saison de la vie qui ne soit pénible pour ceux qui ne savent pas trouver en eux-mêmes leur propre bonheur. Rien, au contraire, de ce qui est une conséquence des lois inévitables de la nature, ne peut paroître un mal aux sages qui sont assez riches de leur propre fonds pour se rendre heureux. Telle est sur-tout la vieillesse : tout le monde veut y parvenir, et à peine est-elle arrivée, que tout le monde s'en plaint; tant est grande l'inconséquence de ceux qui n'usent pas de leur raison! Ils allèguent qu'elle s'insinue comme à la dérobée, et qu'elle s'établit plutôt qu'ils ne l'auroient pensé. Mais d'abord, qu'est-ce qui les a forcés à en prendre une fausse idée? La vieillesse remplace-t-elle l'âge mûr, plutôt que l'âge mûr ne remplace la jeunesse? Ensuite, s'il étoit possible qu'ils vécussent huit siècles, porteroient-ils alors le poids de la vieillesse, mieux qu'ils ne le font à l'âge de quatre-vingts ans? Le cours de la vie une fois épuisé, ne pourroit jamais être un motif de consolation pour un vieillard qui ne raisonne pas.

§. II.

Ainsi ma sagesse qui vous cause tant d'admiration (et plût aux cieux qu'elle répondit à l'idée que vous en avez et au surnom trop flatteur qu'elle m'a procuré), ma sagesse, dis-je, consiste uniquement à suivre la nature, comme le plus excellent de tous les guides, et à lui obéir comme à un Dieu. Est-il vraisemblable qu'ayant si bien ordonné tous les autres actes de la vie, elle ait, comme le feroit un poëte ignorant, négligé le dernier ? Mais cependant, il falloit une fin, et que parvenus à un certain point de maturité, il nous arrivât ce qui arrive à toutes les productions de la terre, le moment où le fruit se dessèche et tombe. Or, c'est un événement que le sage doit prendre en bonne part. Au surplus, essayer de contrarier la nature, ne seroit-ce pas vouloir, nouveaux Titans, déclarer la guerre aux Dieux?

§. III.

Quand je cherche les raisons qui font regarder la vieillesse comme malheureuse, j'en trouve quatre principales; 1°. Elle rend inhabile aux affaires; 2°. Elle amène plus d'infirmités; 3°. Elle nous prive presque de toutes les jouissances et de tous les plaisirs; 4°. Elle n'est pas éloignée de la mort. Voyons, je vous prie, ce que chacune de ces raisons peut avoir d'importance et de vérité.

Le vieillard, dit-on, n'est plus capable d'affaires; mais de quelles affaires? Est-ce de celles qui demandent de la force et de la jeunesse? N'en est-il donc pas qui soient le partage des vieillards, et que l'esprit seul, malgré la foiblesse du corps, puisse sagement administrer?

Nier qu'un vieillard soit propre à l'administration et au gouvernement, c'est prétendre qu'un pilote qui tient le gouvernail est inutile sur un vaisseau, sous prétexte qu'il est tranquillement assis à la poupe, tandis que tous les gens de l'équipage sont occupés, les uns au haut des mats, les autres à la pompe, d'autres enfin aux différentes manœuvres du navire. Un vieillard, sans doute, ne feroit pas ce que feroit un jeune homme, mais il fait des choses beaucoup plus importantes, et d'une plus grande utilité, et ces choses, ce n'est point la force du corps, ce n'est point la vitesse, la célérité des mouvemens qui les opèrent, elles sont l'ouvrage et le produit d'une haute prudence, d'une autorité imposante, de la sagesse des conseils. Or, les vieillards brillent sur-tout par ces précieux avantages, qui loin de s'affoiblir en eux, ne font qu'augmenter avec l'âge, à moins que moi peut-être, qui me suis trouvé à tant de combats, et comme simple soldat, et comme tribun, et comme lieutenant, et comme consul, je ne vous paroisse aujourd'hui un homme inutile, parce que j'ai quitté le métier des armes. Mais si je ne les porte plus, je signale au sénat les peuples auxquels il faut faire la guerre, et lui fais connoître les moyens de la leur faire avec succès.

Si vous voulez des faits étrangers, lisez l'histoire, vous y verrez que ce sont des jeunes gens qui ont ébranlé les plus puissantes républiques, et des vieillards qui les ont soutenues et raffermies.

Mais la mémoire *s'affoiblit :* sans doute dans ceux qui ne la cultivent point ou qui l'ont mauvaise. Je n'ai jamais oui dire qu'un vieillard ait oublié la cachette de son trésor. Tout ce qui les intéresse, des assignations données ou reçues, le nom de leurs débiteurs, celui de leurs créanciers, ils s'en souviennent parfaitement.

Voyez dans leur vieillesse, les jurisconsultes, les pontifes, les augures, les philosophes : quel amas de connoissances toujours présentes à leur esprit! Les vieillards, pourvu qu'ils continuent de s'appliquer et de mener une vie active, n'éprouvent point l'affoiblissement de leurs facultés intellectuelles. Je parle des vieillards, non pas seulement de ceux qui ont occupé les premières places et se sont fait un grand nom, mais de ceux qui, dans l'uniformité d'une vie privée, n'ont jamais fait de sensation. Sophocle composa des tragédies jusqu'à une extrême vieillesse, et comme ce genre d'occupation parut le détourner du soin de ses affaires, ses enfans l'appelèrent en jugement pour le faire interdire et lui ôter l'administration de son bien, comme à un homme tout-à-fait incapable. C'est ainsi que parmi nous on interdit un père qui gère mal ses affaires domestiques. On dit qu'alors Sophocle fit à ses juges la lecture de sa tragédie d'*Œdipe-Colonne*, qu'il venoit de finir, et qu'il leur demanda si c'étoit-là l'ouvrage d'un génie que les années eussent tant affoibli. Ses juges, après avoir entendu sa pièce, rejettèrent la demande de ses enfans et le renvoyèrent absous.

J'ai pour voisins et pour amis, des vieillards nés à Rome, mais vivans toujours à la campagne, qui ne souffriroient pas que l'on fît chez eux, dans leur absence, rien d'un peu important, comme de faire les semailles, de commencer la moisson, de resserrer les fruits de la terre, etc. Cela n'est peut-être pas fort étonnant, car il n'y a pas de vieillard, si décrépit qu'il soit, qui ne se flatte de pouvoir vivre encore au moins une année. Mais ce même vieillard fait des choses dont il sait très-bien qu'il ne recueillera aucun avantage. Je plante, comme le dit Cécilius, dans ses Synéphèbes, des arbres pour l'autre siècle. Ainsi, un vieux agriculteur, à qui l'on demanderoit pourquoi il plante, pourroit répondre, c'est pour les Dieux immortels; ils ont voulu que ceux qui viendroient après moi profitassent de mon travail, comme j'ai profité du travail de ceux qui m'ont précédé.

Le second reproche qu'on fait à la vieillesse, est de manquer de forces; mais je ne désire pas plus aujourd'hui les forces d'un jeune homme, que je ne désirois, quand j'étois jeune, les forces d'un taureau ou d'un éléphant. Il faut employer convenablement les forces qu'on a, et toujours faire de son mieux.

Au surplus, ce manque de forces, est le plus souvent, non un tort de la vieillesse, mais un tort du jeune âge. Une jeunesse débauchée et livrée à toutes sortes d'excès, transmet à la vieillesse un corps tout usé.

J'imagine, Scipion, que vous savez ce que fait à l'âge de quatre-vingt-dix ans, Masinissa, si étroitement uni à votre famille par les liens de l'hospitalité. Quand il commence un voyage à pied, il le finit de même, sans s'aider du secours d'un cheval; s'il le commence à cheval, vous ne l'en verrez pas descendre : toujours la tête nue, quelque pluie, quelque froid qu'il fasse. Il n'est point chargé d'humeurs, son tempérament est extrêmement sec; personne ne remplit mieux que lui tous les devoirs, toutes les fonctions de la royauté : ainsi, l'exercice et la tempérance, peuvent conserver aux vieillards quelque chose de leur première vigueur.

Jamais je n'ai goûté ce proverbe trivial, que pour être long-temps vieux, il faut l'être de bonne heure. Pour moi, j'aimerois mieux être long-temps vieux, que de l'être avant le temps.

Il faut lutter contre la vieillesse, et racheter par beaucoup d'activité, ce qui lui manque de forces. La vieillesse est comme un état de maladie qui demande des soins. Ainsi, pour maintenir sa santé, on doit prendre un exercice modéré, et garder dans le boire et le manger, cette sage sobriété qui répare les forces et ne les accable point; mais ce n'est point assez de ne s'occuper que

que des besoins du corps, on doit encore songer à ceux de l'esprit. L'esprit est une lampe que la vieillesse éteint si on la laisse manquer d'huile. Au reste, Cecilius n'entend par ces vieillards de comédie, qu'il traite de sots vieillards, que ceux qui sont crédules, oublieux, et qui s'abandonnent en quelque sorte eux-mêmes. Ces défauts ne sont point ceux de la vieillesse en général, mais d'une vieillesse impuissante, lâche et livrée aux langueurs d'un sommeil prolongé.

J'aime un jeune homme qui tient déjà du vieillard, et un vieillard qui conserve encore quelque chose de la jeunesse. C'est le moyen, si l'âge affoiblit le corps, que l'esprit du moins ne vieillisse point avec lui.

On fait un troisième reproche à

la vieillesse : *elle est inhabile au plaisir*. Oh ! l'inestimable présent fait à cet âge, si en effet il éloigne de nous le plus dangereux ennemi que la jeunesse ait à combattre.

Ecoutez, aimable jeunesse, quelle étoit là-dessus la façon de penser de l'un des plus célèbres, des plus vertueux hommes de l'antiquité, Architas de Tarente. J'en ai été instruit à Tarente même, où j'allai dans ma jeunesse, avec le grand Fabius. Il disoit que le plaisir des sens étoit l'ennemi le plus acharné que la nature eût attaché à la malheureuse espèce humaine ; que toutes les passions avides de jouissances nous portoient aux excès les plus désordonnés et les plus violens ; que c'étoit dans cette source infecte que prenoient naissance la trahison, les bouleversemens des républiques, les criminelles pratiques avec les ennemis de la patrie, tous les crimes enfin et tous les attentats; que les incestes, les adultères, que tant d'autres infamies, n'étoient que le produit des sales voluptés; que la raison, présent le plus excellent que la nature ou quelque Dieu ait pu faire à l'homme, n'a point de plus mortel ennemi; que toutes les fois que la passion domine, il n'y a plus ni retenue, ni décence, et qu'il est impossible que la vertu prenne quelque consistance, là où règne la volupté. Architas, pour se faire mieux entendre, supposoit un homme dans le transport du plaisir le plus vif; personne, selon lui ne pouvoit douter que cet homme, tant que dureroit cette ivresse, ne fût absolument incapable de réfléchir, de raisonner, de prendre la moindre détermination sage. Il concluoit de-là, qu'il n'y a rien de plus détestable, rien de plus pernicieux que la volupté, dont d'ailleurs l'infaillible effet seroit, si elle étoit trop violente et trop prolongée, d'éteindre le flambeau de l'âme.

On demandoit à Sophocle, déjà avancé en âge, s'il avoit encore quelque commerce avec l'amour : le ciel m'en préserve, dit-il, c'est un maître brutal et furieux, à l'empire duquel je me suis soustrait avec bien de la joie.

Un quatrième sujet qui répand une sorte de trouble et d'inquiétude parmi nous autres vieillards, c'est l'approche de la mort, laquelle ne peut pas en effet, être fort éloignée; mais quelle misère, qu'un homme qui a long-temps vécu, n'ait pas appris à mépriser la mort.

Est-il quelqu'un d'assez insensé pour se persuader (fut-il à la fleur de l'âge) qu'il vivra même jusqu'à la fin de la journée? La jeunesse d'ailleurs court infiniment plus de dangers que la vieillesse. Les maladies sont plus communes, plus aiguës, plus difficiles à guérir; aussi se trouve-t-il peu de jeunes gens qui parviennent à un âge avancé; s'il en étoit autrement, ce seroit la preuve qu'on se conduiroit mieux et plus sagement; mais le bon sens, la raison et la prudence ne sont guères que l'appanage de la vieillesse.

La jeunesse du moins peut se flatter de vivre long-temps, et c'est un espoir qu'un vieillard n'a pas. Elle s'en flatte, mais c'est folie, car quoi de moins raisonnable que de compter sur l'incertain et de prendre le faux pour le vrai. Un vieillard, j'en conviens, n'a pas la même espérance, mais son sort est préférable à celui d'un jeune homme, il a déjà obtenu ce que celui-ci ne fait qu'espérer. Le jeune homme peut vivre long-temps ; le vieillard a long-temps vécu.

La vie, quoique courte, est assez longue pour quiconque veut être honnête et vertueux. La carrière se prolonge-t-elle ? Imitons le laboureur, qui ne s'afflige point de voir l'été et l'automne succéder aux beaux jours du printemps. Le printemps est l'image de la jeunesse ; il montre des fruits dans l'avenir : une autre saison doit les recueillir. Je l'ai souvent dit, le souvenir de beaucoup de bonnes actions qui signalent les différentes époques d'une longue vie, est la véritable jouisssance de la vieillesse et le fruit qui lui est réservé.

Tous les hommes cependant ne peuvent pas être des Scipions ou des Fabius, et avoir l'imagination remplie de prises de villes, de combats sur terre et sur mer, de guerres heureusement terminées, de triomphes. Mais à une vie calme, honnête et vertueuse, succède une vieillesse paisible et douce. Telle fut la vieillesse de Platon; nous apprenons qu'il mourut la plume à la main, dans sa quatre-vingt-unième année; telle fut encore celle d'Isocrate. On dit qu'il avoit quatre-vingt-onze ans quand il composa son *Panathénaïque*, et qu'il ne mourut que cinq ans après. Son maître, Gorgias de Léontium, vécut cent sept ans, et ne cessa pas un instant d'étudier et de travailler. On lui demandoit un jour pourquoi il paroissoit si attaché à la vie : moi, dit-il, je n'ai point à me plaindre de ma vieillesse. Belle réponse, et bien digne d'un si savant homme ! Il n'y a que les insensés qui mettent sur le compte de la vieillesse leur déraison et leurs travers. C'est du moins un reproche que l'on ne peut faire à Ennius ; « il compare sa vieillesse à » celle d'un coursier généreux qui, » après avoir fourni la carrière d'O- » lympie en vainqueur, et y avoir » épuisé ses forces, passe la fin de » sa vie dans un honorable repos ».

CHAPITRE X.

Sur la Mort.

§. I.

Rien de ce que les Dieux, ou notre commune mère, la Nature, ont réglé, ne doit être regardé comme un mal ; car enfin ce n'est point au hasard ni à une cause aveugle que nous devons l'existence ; nous la devons à quelque puissance qui veilloit aux intérêts de l'espèce humaine, et qui ne vouloit ni produire ni conserver un être, qui après avoir épuisé la somme des malheurs, dût finir par ne trouver dans la mort qu'un malheur éternel.

irrémédiable. Regardons au contraire la mort comme un asile, comme un port qui nous est ouvert: fasse le ciel que nous puissions y entrer à pleines voiles ! Envain cependant nous serions contrariés par les vents, il faudra bien que nous y entrions un peu plus tard. Ce qui est une nécessité pour tous, pourroit-il donc être un mal pour un individu ?

§. II.

La polygamie est autorisée aux Indes. Dès qu'un mari meurt, ses veuves se présentent devant le juge, pour qu'il décide qu'elle étoit celle de ses femmes que le défunt aimoit le mieux. Celle qui gagne ce singulier procès, fait éclater sa joie, et court, suivie de ses parens, se placer sur le bûcher de son mari : celle au contraire qui le perd, se retire accablée de tristesse. Jamais la coutume ne triompheroit de la Nature, car la Nature est invincible.

§. III.

Loin de nous ces ridicules propos de vieilles, qu'il est malheureux de mourir avant le temps ; de quel temps veut-on parler ? Est-ce de celui donné par la nature ? Mais elle a prêté la vie, comme on prête de l'argent, sans assigner un terme au remboursement. De quoi vous plaignez-vous donc, si elle vous redemande à volonté, le dépôt qu'elle vous a confié ? Vous ne l'aviez reçu qu'à cette condition.

On se console aisément de la mort

d'un enfant. Qu'il en périsse un au berceau, à peine y fait on attention : c'est d'eux pourtant que la nature a exigé avec plus de sévérité, la restitution de ses avances. Il n'avoit pas encore goûté, dit-on, les douceurs de la vie ; au lieu que celui qui vient d'être enlevé dans un âge plus avancé, avoit de grandes espérances qui commençoient à se réaliser pour lui. Mais pourquoi, quand il s'agit d'apprécier la vie, suivre d'autre règle que celle qu'on emploie pour estimer tous les genres possibles de biens, dont on aime mieux avoir une partie que d'être privé du tout ? C'est avec grande raison que le poëte Callimaque dit que Priam a versé plus de larmes que Troïle.

On loue la destinée de ceux qui meurent

meurent de vieillesse ; pourquoi ? Je pense que si leur carrière se prolongeoit de plus en plus, leur bonheur ne feroit qu'augmenter ; car, qu'y a-t-il de plus doux que de recueillir le fruit d'une prudence consommée ? Or, la vieillesse, en nous privant de tous les autres avantages, nous procure au moins celui-là. Qu'est-ce d'ailleurs qu'une longue vie ? L'homme peut-il même compter sur quelque chose qui soit vraiment durable ? Tout se touche. Enfans aujourd'hui, demain jeunes gens, la vieillesse qui nous poursuit et nous talonne, nous atteint avant que nous y ayons pensé. C'est sans doute parce qu'il n'y a rien au-delà de ce terme que nous le croyons long. Tout cela, suivant la mesure départie à chacun de nous, paroît proportionnellement long ou court. On lit dans Aristote que sur les bords de l'Hypanis, fleuve d'Europe qui se jette dans le Pont-Euxin, il se trouve certaines petites bêtes qui ne vivent qu'un jour. Celle qui meurt à deux heures après midi, est déjà âgée ; celle qui vit jusqu'au soir, meurt dans la décrépitude, sur-tout dans un grand jour d'été. Comparez avec l'éternité notre plus longue vie : nous n'y tenons pas beaucoup plus de place que les petites bêtes de l'Hypanis.

§. IV.

La mort dont mille hasards peuvent avancer le terme, et qui d'ailleurs, vu la briéveté de la vie, ne peut jamais être fort éloignée, n'empêche pas le sage de consacrer tous ses momens au service de la République et de ses proches; elle ne l'empêche point de s'intéresser à sa postérité, quoiqu'il ne doive jamais avoir de rapport immédiat avec elle; c'est pour cela que l'homme, tout mortel qu'il se croit, fait des choses qui ne doivent jamais périr, et les fait, non par le désir d'une gloire qui ne viendra qu'après lui, et à laquelle par conséquent il sera insensible, mais par le seul amour de la vertu dont cette gloire, sans même qu'on s'en occupe, est toujours la suite nécessaire.

§. V.

La mort, certes, n'a rien d'effrayant pour un vieillard qui voit tous les instans de sa vie marqués par de bonnes actions. On a assez vécu, quand on a constamment fait tout ce qu'on a pu, pour bien vivre.

§. V I.

Il faudroit ignorer totalement les lois de la physique, pour n'être pas convaincu que l'âme n'admet ni réunion de parties, ni mélange, rien en un mot qui soit composé. Elle n'est donc pas susceptible de division ; elle ne peut donc pas mourir : car la mort n'est qu'une séparation des parties qu'un lien quelconque tenoit réunies.

Socrate persuadé de ces grandes vérités, ne voulut ni défendre sa vie par l'organe d'un avocat, ni paroître devant ses juges, en posture de suppliant; il montra une noble assurance dont le principe étoit, non un vain orgueil, mais une grandeur d'âme vraiment inébranlable. Le jour même de sa mort, il discourut long-temps sur ce sujet; et quelques jours avant, quoiqu'il pût aisément être tiré de prison, il n'y voulut pas consentir; et dans le temps même qu'on alloit lui apporter la coupe mortelle, il parla, non en homme qu'on va traîner à la mort, mais en homme qui se dispose à monter au ciel.

Il pensoit et tous ses discours tendoient à prouver que les âmes, lorsqu'elles se séparent des corps, trouvent deux routes divergentes et deux directions contraires ; que celles qui se souillent de tous les vices qui déshonorent l'humanité, ou qui, se livrant à l'aveuglement des passions, se rendent coupables de désordres domestiques et privés, ou qui, osant attaquer l'inviolabilité de la République, commettent des crimes inexpiables, sont forcées de prendre un chemin détourné, et de s'éloigner du séjour des immortels ; que celles au contraire qui ont conservé leur innocence, et qui exemptes de foiblesses et menant dans des corps humains une vie pure comme celle des Dieux, se sont préservées de la contagion des sens, trouvent une route facile pour retourner vers l'Être Suprême, à qui elles doivent leur céleste origine.

§. VII.

Je ne puis adopter la doctrine de quelques modernes philosophes, qui soutiennent que l'âme et le corps périssent en même-temps, et que la mort est un anéantissement total. Je tiens à celle de l'antiquité, à celle de nos pères qui ont consacré aux morts tant de devoirs religieux, ce que, certes, ils n'eussent pas fait, s'ils eussent été persuadés que les morts y fussent insensibles. Je tiens aussi à celle des sages qui ont habité ce pays et qui ont éclairé la Grande Grèce, aujourd'hui privée de toutes ces écoles, qui la rendirent si florissante. Enfin, je suis du sentiment du philosophe que l'oracle d'Apollon déclara autrefois le plus sage de tous les hommes; il ne disoit pas sur ce sujet, tantôt une chose, tantôt une autre, comme dans une matière conjecturale : il répétoit toujours, et sans jamais varier, que nos âmes sont d'une nature divine, qu'à la sortie des corps elles retournent au ciel, et que plus elles ont conservé leur innocence, plus elles trouvent de facilité pour y rentrer.

§. VIII.

Toute la vie des philosophes, disoit ce grand homme, est une continuelle méditation de la mort; car que faisons-nous, en nous détachant de la volupté, c'est-à-dire des plaisirs du corps, en abandonnant le soin de nos affaires personnelles qui n'ont encore pour objet principal que le service du corps, en cessant de nous occuper de la chose publique, en un mot, en quittant toute espèce d'affaires ; que faisons-nous alors ? Nous rappellons notre âme à ses nobles fonctions, en la forçant de se concentrer en elle-même ; nous élevons un mur de séparation entr'elle et le corps ; or, séparer l'âme et le corps, qu'est-ce faire autre chose qu'apprendre à mourir ?

Méditons, croyez-moi, cette grande vérité, et faisant divorce avec nos corps, nous nous accoutumerons à mourir. C'est le seul moyen de vivre sur la terre, comme on vit dans le ciel, et lorsque dégagés des liens corporels nous essayerons de nous élever vers la céleste patrie, notre âme trouvera infiniment moins d'obstacles qui puissent retarder son essor.

§. IX.

Vivre ou mourir! lequel vaut le mieux? C'est un secret que les Dieux connoissent seuls; je ne pense pas qu'il ait été révélé à aucun mortel.

NOTES.

CHAPITRE VI.
De la Probité.

PAGE 2, *par le moindre mouvement de main.* Cette expression de Cicéron signifie à la lettre *en faisant craquer ses doigts.* D'Olivet traduit *claquer des doigts.* Ni l'une ni l'autre de ces versions n'est dans le genre noble. Je me suis servi d'un équivalent qui me paroît faire sentir la pensée de Cicéron.

Page 3, *l'homme de bien..... ne fait de mal, qu'autant qu'il est forcé de repousser l'injure.*

Cicéron ne dit pas ici qu'il faille repousser l'injure par l'injure; rien ne seroit plus opposé à ses principes. Il fait entendre seulement que la défense est de droit naturel, et qu'il est licite de se mettre à couvert de l'injure en usant de tous les moyens permis par cette loi, la première et la plus inviolable de toutes. Ces mots *ne fait de mal* n'expriment que l'effet de la défense. C'est l'agresseur lui-même qui comme cause nécessite cet effet, et s'il en résulte quelque chose de fâcheux pour lui, il ne le doit imputer qu'à son injuste attaque.

Page 9, *délit que les Athéniens punissoient par des malédictions.* M. l'abbé d'Olivet traduit le mot *execrationibus* par celui d'exécrations, et il dit dans une note sur cet endroit, qu'on ne sait pas au juste ce que c'étoient que ces *exécrations* publiques chez les Athéniens, qu'on voit en général que c'étoient des ordonnances qui se lisoient ou s'affichoient publiquement, et qui menaçoient des plus grièves peines ceux qui ne les suivoient pas.

D'abord, ce que l'académicien appelle des exécrations, s'appelloit à Athènes des *imprécations*, des *malédictions;* de plus, il ne s'est pas rappellé le trait qu'on lit dans les questions romaines de Plutarque.

Alcibiade,

NOTES.

Alcibiade, assigné devant le tribunal des Eumolpides, (*) comme coupable de sacrilège, refusa de comparoître, et fut condamné à perdre la vie. Ses biens furent vendus et le décret qui le déclaroit infâme fut gravé sur une colonne. On ordonna aux prêtres de tous les temples de prononcer contre lui d'horribles imprécations. Tous obéirent, à l'exception d'une seule, la prêtresse Théano. Je suis établie, dit-elle, pour attirer sur les hommes, non les malédictions, mais les bénédictions du ciel. Cette réponse, si digne d'une femme consacrée au service des autels, méritoit mieux d'être gravée sur une colonne, que le décret du peuple.

C'étoient donc les prêtres qui pronon-

(*) A Athênes on avoit attaché plusieurs sacerdoces à des maisons anciennes et puissantes où ils se transmettoient de pères en fils. Telles étoient celles des Eumolpides et des Etéobutades: celle-ci étoit consacrée au sacerdoce de Minerve, et celle-là au sacerdoce de Cérès Eleusine.

çoient dans les temples des malédictions contre ceux qui étoient accusés et jugés coupables de sacrilège.

Quelques prêtres, lorsque de pareils jugemens avoient été rendus avec trop de précipitation, étoient souvent contraints d'absoudre ceux que le fanatisme avoit mal-à-propos poursuivis et fait condamner.

C'est ainsi que dans l'affaire du même Alcibiade, le premier des ministres sacrés, forcé de l'absoudre, s'exprima en ces termes au milieu du temple dont il étoit le pontife : *je n'ai point condamné Alcibiade s'il étoit innocent.*

Peut-être nos excommunications solemnelles ont-elles succédé à ces anciennes formules. On peut au surplus consulter sur les principaux crimes commis contre la religion, et sur la manière d'en poursuivre la vengeance, le chapitre 21 du voyage du jeune Anach. tom. II, p. 381, 382, etc., troisième édition.

Page 11, *ni le marchand de bled, ni le*

propriétaire de la maison.... Quoique puisse dire Grotius, dans son traité *De jure belli et pacis*, cap. 12, je suis entièrement de l'avis de Cicéron. La maxime, que le silence est criminel toutes les fois que pour son profit particulier on ne dit pas une chose que ceux à qui on la cache auroient intérêt de savoir, est essentiellement vraie et liera toujours la conscience d'un honnête homme. Dire que cela n'a lieu qu'à l'égard des qualités et des circonstances qui par elles-mêmes ont quelque liaison avec la chose dont il s'agit, c'est chercher des exceptions là où il n'y en a pas, ou plutôt ce sont de vaines subtilités. L'homme de bien a deux juges, sa conscience toujours, et quelquefois les tribunaux : ceux-ci ne proscrivent pas toujours ce que celle-là ne manque jamais de condamner. Pourquoi ? C'est que la loi humaine est imparfaite et ne peut pas atteindre une foule d'actions qui échappent à sa surveillance ; mais personne n'échappe à cette voix intérieure qui ne cesse de nous rappeller ce principe d'éternelle vérité, *alteri ne feceris......*

Supposons Grotius lui-même chargé d'une nombreuse famille, enseveli dans sa bibliothèque et vivant à Amsterdam avec une fortune qui ne lui donne que l'étroit nécessaire ; qu'auroit-il pensé d'un marchand Suédois, qui sachant que la disette est en Hollande, mais que des navires Danois chargés de bled, sont sur le point d'y arriver et d'y répandre l'abondance, y auroit abordé le premier et lui auroit vendu, pour la subsistance de sa famille pendant trois mois, une quantité déterminée de boisseaux de bled, le quadruple de ce que la même quantité se seroit vendue au marché d'Amsterdam quelques jours après ? Qu'auroit-il dit de ce marchand, en apprenant sur-tout qu'il n'ignoroit pas la prochaine arrivée des Danois ? Pour bien juger ces sortes de questions, il faut toujours se mettre à la place de ceux qui sont trompés.

Page 14, Aquilius, mon collègue et mon

ami, etc. Aquilius Gallus, disciple du fameux Scœvola (*), étoit né dans l'ordre des chevaliers et parvint au tribunat la même année que Pompée fut nommé consul pour la première fois. Il eut pour l'un de ses collègues, Atteius Capito : (**) il parvint ensuite à la préture et l'exerça avec Cicéron, dont il étoit l'ami intime. Ce fut lui qui fut l'inventeur de la formule *De dolo malo*, formule dont Cicéron parle dans son troisième livre du traité des devoirs et qu'il appelle si énergiquement le balai de toutes les petites friponneries : *Everriculum omnium malitiarum*. Aquilius Gallus est auteur de plusieurs lois très-salutaires qu'on trouve répandues dans le corps de droit, au nombre de douze ou quinze.

Page 17, *Régulus, consul pour la seconde*

(*) Cicéron dit de Scœvola, qu'il étoit le plus éloquent des jurisconsultes et le plus grand jurisconsulte de tous les hommes éloquens.

(**) Savant jurisconsulte qui vivoit sous Auguste et sous Tibère, et qui obtint le consulat à force de bassesses et de flatteries.

fois. Une simple notice sur Régulus seroit inutile aux jeunes gens qui ignorent son histoire. Pour bien entendre ce que dit Cicéron dans cet endroit, ils doivent recourir aux sources. Régulus est peut-être de tous les Romains qui aient jamais existé, celui qui a montré le plus d'intrépidité et développé le plus grand caractère.

Page 22, *balance de Critolaüs*. Critolaüs, péripatéticien célèbre, fut disciple d'Ariston et son successeur dans l'école du Lycée. Il fut envoyé à Rome avec Carnéade, fondateur de la troisième académie, et Diogène le stoïcien, dont il est question page 5. Ils étoient chargés d'obtenir du sénat la décharge d'une amende de 500 talens, à laquelle les Athéniens avoient été condamnés pour avoir pillé la ville d'Orope. Carnéade, l'un d'eux, prononça une harangue extrêmement éloquente, mais Caton le censeur la jugea si captieuse, que ce sévère Romain fut d'avis de congédier sur-le-champ les trois députés. Ils éblouissent tellement les esprits, disoit-il, qu'il est impossible de distinguer le vrai d'avec le faux.

CHAPITRE VII.

Page 22, *de l'Eloquence.* Cicéron ne parle ici que de l'éloquence du barreau, car l'éloquence, considérée en général, n'appartient pas plus à la prose qu'à la poësie. C'est par elle que le philosophe, que l'historien, l'orateur et le poëte trouvent le secret de dominer les esprits et de soumettre les volontés les plus rebelles.

Les premiers législateurs auroient inutilement tenté d'établir des lois et une religion, s'ils n'eussent employé les charmes de l'éloquence et même l'harmonie des vers.

En vain Platon auroit-il proposé un nouveau système de politique et de morale. Quelques grandes que fussent ses idées, il n'eût point acquis le surnom de divin s'il n'eût été aussi grand orateur qu'il étoit grand philosophe. Il n'existoit encore du temps de Cicéron (car Virgile n'a paru que plusieurs années après) qu'un seul poëte qui eût porté l'art des vers au plus haut degré de perfection : c'étoit Homère. Il n'avoit paru non plus à cette époque qu'un seul orateur, Démosthène, qui se fût distingué par des harangues immortelles ; mais et le poëte et l'orateur appartenoient à la Grèce ; et les Romains, Cicéron lui-même, étoient assez grands pour se les proposer comme des modèles et rendre justice à la supériorité de leurs talens.

Cicéron dit que dans les beaux arts, la poësie a fourni le moins de modèles ; que cependant, si l'on examine, soit parmi les Grecs, soit parmi les Romains, le nombre de ceux qui se sont distingués dans ce genre, d'ailleurs si difficile et où il est si rare d'exceller, on trouvera encore plus de bons poëtes que de bons orateurs. N'est-il pas étonnant que Cicéron range en quelque sorte sous deux classes, les bons poëtes et les bons orateurs ? Il ne prétend pas, il est vrai, que l'éloquence soit étrangère à la poësie, mais s'il eut voulu dire qu'il y avoit beaucoup de poëtes qui étoient orateurs, et orateurs vraiment éloquens, il auroit pu grossir le catalogue des bons orateurs et diminuer celui des bons poëtes. Il remarque lui-même fort judicieusement, (*) qu'Homère n'eût pas tant vanté l'éloquence d'Ulisse et de Nestor, si dans les temps héroïques, l'éloquence n'eut déjà été portée à un grand point de perfection.

Quelque jaloux que soit Cicéron, d'élever la profession de l'orateur, même au-dessus de celle du poëte, il est forcé cependant de convenir que l'une et l'autre ont entr'elles beaucoup de ressemblance. Il y a, dit-il, une grande affinité entre le poëte et l'orateur ; (*$_*$) le premier est un peu plus gêné dans le nombre et la mesure, mais il a plus de liberté dans l'expression. Ils ont

---

(*) In Brut. cap. 10 n°. 40.
(*$_*$) Lib. 1. de Orat. cap. 16 et 59.

en commun plusieurs espèces d'ornemens, et à cet égard, il est difficile de les distinguer. Leur talent n'est renfermé dans aucune borne, et ils sont les maîtres de verser à leur gré sur toutes sortes de sujets leur richesse et leur abondance. Nous faisons, dit-il ailleurs, la même chose que les poëtes; non-seulement par rapport au nombre et à la mesure, mais encore par rapport à tous les autres ornemens du discours; aussi le poëte est-il, suivant lui, d'autant plus louable qu'étant plus contraint par la mesure de ses vers, il sait pourtant s'approprier toutes les vertus de l'orateur (*).

Mais encore une fois, Cicéron ne parle en cet endroit que des orateurs qui se distinguoient au barreau, et ne cherche nullement à donner la prééminence, soit aux orateurs, soit aux poëtes. Il ne parle que de la rareté des orateurs, et ne prétend pas leur attribuer exclusivement aux poëtes l'éloquence qui étoit en effet commune, et

_____

(*) De Orat. cap. 20.

aux orateurs qui se distinguoient, soit au barreau, soit au milieu du sénat, soit dans la tribune aux harangues, et aux historiens et aux poëtes épiques ou dramatiques.

Page 27, *les hommes vivant isolés les uns des autres.....* Je n'agiterai pas ici la grande question de savoir s'il est vrai que la poësie soit un don de la nature et si comme elle, l'éloquence peut se passer de règles et de préceptes. L'étude seule, sans le secours d'un génie riche et fécond, ne peut, comme Cicéron lui-même l'observe ailleurs, rien produire que de médiocre et d'imparfait. Mais, d'un autre côté, le plus beau génie s'évaporeroit en quelque sorte dans une stérile abondance, s'il n'étoit nourri de connoissances solides et dirigé par les préceptes de l'art ; car il y a un art pour l'éloquence, et cet art n'est autre chose qu'un recueil d'observations faites d'après ceux qui parloient ou qui écrivoient éloquemment. Ce sont ces observations et ces remarques rassemblées et mises en ordre, qui ont formé la rhétorique.

132   NOTES.

Les Grecs, comme l'observe un célèbre académicien (*), ne pouvoient se persuader qu'un art si utile et si merveilleux fût une invention humaine..... Ils contoient qu'au commencement les hommes vivoient épars dans les campagnes, broutant l'herbe comme les bêtes sauvages et se retirant comme elles dans les cavernes ou dans le fond des forêts.... Ils se faisoient une guerre cruelle et combattoient sans cesse, ou pour le gland dont ils se nourrissoient, ou pour les objets de leurs passions effrénées. Les plus foibles étoient opprimés par les plus forts, et ceux-ci l'étoient à leur tour par les autres animaux que la nature avoit munis de fortes armes, tandis que les hommes n'avoient contr'eux aucune sorte de défense.

Dépourvus de tout secours et attaqués de tous côtés, les hommes périssoient dans un stupide silence, et c'en étoit fait de la

───────────

(*) Discours de M. Hardion, lu à l'assemblée publique de l'académie des b. l. le 12 novembre 1732.

race

face humaine, si Prométhée n'eût obtenu de Jupiter de leur envoyer l'éloquence. A peine se fut-elle montrée à eux, qu'ils eurent honte de cette vie brutale qu'ils passoient au milieu des animaux. Ils cessèrent donc de se faire la guerre, et se rapprochant peu-à-peu les uns des autres, ils s'assemblèrent par troupes en différens cantons. Ils bâtirent des villes, ils établirent des lois, sous l'autorité desquelles ils pussent vivre en sûreté et nommèrent des magistrats pour les faire observer. C'est ainsi qu'avec les seules armes de l'éloquence, l'homme cessa d'être la proie des autres animaux et devint maître absolu de tout ce qui vit sur la terre.

Page 37, *le talent de la parole est d'un usage commun....* Sans doute la parole est d'un usage commun, mais la parole n'est que l'élément informe, et si j'ose le dire, que le matériel grossier du discours oratoire. Pour réussir en parlant à un nombreux auditoire, il faut une espèce d'enthousiasme sans lequel l'orateur ne pourroit rien faire de grand. Si l'on veut comparer les grands orateurs et les grands poëtes, Démosthène par exemple et Homère, on trouvera que leurs génies se sont rencontrés en mille endroits, et que pour attacher de plus en plus ceux à qui ils parlent, ils emploient les mêmes passions, les mêmes mouvemens, la même force et la même élévation dans les idées. C'est sur-tout dans le poëme épique que la ressemblance entre le poëte et l'orateur est plus frappante. Le poëte paroît peu dans l'épopée, ce sont les personnages qui parlent et qui agissent presque partout : soit que dans un conseil on délibère sur ce qu'il faut faire ou éviter, soit que dans le cours de l'action épique on ait occasion d'accuser ou de défendre, de louer ou de blâmer, de prier, de menacer, d'exhorter, de consoler; ceux qui tiennent ces discours ont pour objet de persuader, et il faut qu'ils emploient, suivant les circonstances des temps et les différens caractères des personnes, les moyens propres pour arriver à ce but. Les poëmes d'Homère fournissent des exemples de ces sortes de discours, et l'on y trouve une exacte observation des règles qu'enseigne la rhétorique et que l'éloquence sait si bien employer. (*V. mém. de l'ac. des bel. let.*, vol. 13, *in*-12, *p.* 331 *et suiv.*)

CHAPITRE VIII.

De l'Amitié.

Page 44, *l'amitié est le plus beau présent*.... Il ne faut pas prendre tous les attachemens pour de l'amitié. Il s'en faut bien, dit Buffon, dans son discours sur la nature des animaux, que tous les attachemens viennent de l'âme et que la faculté de pouvoir s'attacher, suppose nécessairement la puissance de penser et de réfléchir, puisque c'est lorsqu'on pense et qu'on réfléchit le moins que naissent la plupart de nos attachemens, que c'est encore faute de penser et de réfléchir qu'ils se confirment et se tournent en habitude, qu'il suffit que quelque chose flatte nos sens pour que nous l'aimions, et qu'enfin, il ne faut que s'occuper souvent et long-temps d'un objet pour en faire une idole.

L'amitié suppose cette puissance de réfléchir, mais c'est de tous les attachemens le plus digne de l'homme et le seul qui ne le dégrade point ; l'amitié n'émane que de la raison ; l'impression des sens n'y fait rien, c'est l'âme de son ami qu'on aime, et pour aimer une âme, il faut en avoir une, il faut en avoir fait usage, l'avoir connue, l'avoir comparée et trouvée de niveau avec ce que l'on peut connoître de celle d'un autre : l'amitié suppose donc non-seulement le principe de la connoissance, mais l'exercice actuel et réfléchi de ce principe.

Voilà quel est, si j'ose le dire, le matériel de l'amitié. Cicéron nous explique quelle en est la base fondamentale, quel en est le charme et la douceur.

Page 50, *ce que nous remarquons dans les bêtes elles-mêmes*..... Dans les animaux l'attachement des mères pour leurs petits, vient de ce qu'elles ont été fort occupées à les porter, à les produire, à les débarasser de leurs enveloppes, etc. Si dans les oiseaux les pères semblent avoir quelqu'attachement pour leurs petits et paroissent en prendre soin comme les mères, c'est qu'ils se sont occupés comme elles de la construction du nid, c'est qu'ils l'ont habité, c'est qu'ils y ont eu du plaisir avec leurs femelles, dont la chaleur dure encore long-temps après avoir été fécondées ; au lieu que dans les autres espèces d'animaux, dont la saison des amours est fort courte, où, passé cette saison, rien n'attache plus les mâles à leurs femelles, où il n'y a point de nid, point d'ouvrage à faire en commun, les pères ne sont pères que comme on l'étoit à Sparte, ils n'ont aucun souci de leur postérité. (*Buffon.*)

Page 51, *tels sont par exemple Curius et Fabricius*.... Le consul Curius Dentatus, étoit un de ces Romains dont les mœurs sévères et le parfait désintéressement firent tant d'honneur aux Romains et répandirent tant d'éclat sur les premiers siècles de la République. Les Samnites, entièrement abattus par plusieurs défaites sanglantes, étoient renvoyés devant lui pour qu'il réglât les conditions de la paix qu'ils étoient forcés de demander. Leurs ambassadeurs se transportent à sa chétive maison des champs, où ils le trouvent assis auprès du feu, sur un mauvais siége de bois et occupé à faire cuire quelques légumes. Ils crurent l'occasion favorable pour en obtenir une composition avantageuse. Ils mettent sous ses yeux beaucoup d'or et lui offrent les plus riches présens. *Remportez votre or, leur dit-il, je n'y attache nul prix : j'aime mieux commander à ceux qui en ont.*

A peine la paix avec les Samnites fut-elle conclue, que Curius eut encore la gloire de réduire les Sabins et de mériter l'honneur d'un double triomphe, distinction qui jusques-là n'avoit été accordée à aucun général.

Le consul Curius Dentatus fut le premier des Romains qui osa faire vendre comme esclave un citoyen qui refusoit de s'enrôler. La République, disoit-il, n'a pas besoin d'un homme qui refuse d'obéir. Cette sévérité du sage consul, étouffa dans sa naissance une sédition très-allarmante, et fut depuis imitée avec succès par les consuls qui se trouvèrent dans les mêmes circonstances. Ce fut aussi Curius, qui avec une armée de vingt mille hommes seulement, vint à bout de vaincre Pyrrhus, qui en avoit quatre-vingt mille, et de le forcer de sortir de l'Italie.

Enfin Curius, nommé censeur, l'an de Rome 481, employa le produit du butin qu'il avoit fait sur les ennemis de la république, à construire un magnifique aquéduc pour conduire à Rome les excellentes eaux du Tévéron.

Fabricius (Caïus Luscus), fut le digne

émule de Curius, et porta peut-être plus loin encore que lui l'amour de la pauvreté. Celui-ci, après avoir vaincu les Samnites, les Sabins et les Lucaniens, distribua aux pauvres citoyens quarante arpens de terre par tête, disant que celui-là ne méritoit pas le nom de Romain, à qui cette quantité ne pouvoit suffire, mais il en garda aussi quarante pour lui-même. Fabricius, envoyé contre les Samnites, les Lucaniens et les Bruttiens, qui faisoient le siége de Turie, (c'étoit l'ancienne Sybaris, ville grecque située sur le golfe de Tarente et alliée des Romains) battit les confédérés sous les murs de la ville assiégée et prit leur camp par escalade. Envoyé depuis vers Pyrrhus, pour traiter de la rançon des prisonniers de guerre, il donna à ce roi la plus haute idée de la vertu romaine : les caresses, les menaces, les plus riches présens ; la moitié même de l'Epire offerte à Fabricius, ne purent ébranler ce généreux Romain. En vain Cynéas est envoyé à Rome

pour faire au sénat des propositions de paix :
« Dites à votre maître, lui répondit-on,
» qu'on ne traitera de paix avec lui, que
» quand il aura quitté le sol de l'Italie ».

Le Médecin de Pyrrhus passa dans le camp de Fabricius et lui fit offrir, moyennant une somme d'argent, d'empoisonner son maître. Fabricius renvoya le traître à Pyrrhus pour qu'il le punît.

Page 52, *le souvenir d'un Tarquin le superbe, d'un Cassius, d'un Mélius......* Tarquin, monté sur le trône par un parricide, (car il avoit fait assassiner Servius son beau père) ne s'y soutint que par de nouveaux crimes et en fut chassé après avoir règné vingt-quatre ans et exercé le plus cruel despotisme, et alors la république fut établie l'an 244 de la fondation de Rome. Le portrait de ce prince, dit M. de Montesquieu, n'a point été flatté. Son nom n'a échappé à aucun des orateurs qui ont eu à parler contre la tyrannie, mais sa conduite avant son malheur, sa douceur pour les peuples vaincus ; sa libéralité envers les soldats, cet art qu'il eut d'intéresser tant de gens à sa conservation ; ses ouvrages publics, son courage à la guerre, sa constance dans son malheur ; une guerre de vingt ans qu'il fit ou qu'il fit faire au peuple Romain, sans royaume et sans biens ; ses continuelles ressources, font bien voir que ce n'étoit pas un homme méprisable. (*Grandeur et décad. des rom. pag. 6 et 7*).

Sans doute Tarquin n'étoit pas un homme méprisable, mais c'étoit un tyran, qui avec de grandes qualités, n'avoit aucune des vertus qui font la sûreté des rois et le bonheur des peuples. Quiconque gouverne et viole journellement la justice, n'est que l'opprobre et le fléau du genre humain.

Cassius Viscellinus (Spurius) avoit été trois fois consul, une fois général de la cavalerie, et après avoir obtenu deux fois l'honneur du triomphe, il fut accusé d'aspirer à la royauté et précipité du haut de la roche Tarpeïenne, l'an 485 avant l'ère chrétienne.

Notes.

Dans un temps de peste et de famine, l'an 313 de la République, un simple chevalier Romain nommé Mélius, qui possédoit de grandes richesses, fit chez l'étranger des acquisitions considérables de grains, et les distribua à vil prix, et même gratuitement aux plus pauvres citoyens de Rome. Cette libéralité lui attira un crédit immense dont il crut pouvoir profiter pour s'élever sur le trône. Son intrigue ayant été découverte, on se crut sans doute dans le plus grand péril, car on eut recours à la création d'un dictateur pour en délivrer la République. Le fameux Quintius Cincinnatus, qui fut nommé, se préparoit à poursuivre le coupable, lorsque Servilius Ahala, son général de cavalerie, qui étoit chargé d'arrêter Mélius et qui lui avoit intimé les ordres du dictateur, le poursuit au milieu d'une troupe de séditieux qui formoit autour de lui une escorte redoutable, l'atteint et lui coupe la tête d'un coup de sabre. Le peuple murmuroit tout haut et déjà il menaçoit d'une sédition redoutable, lorsqu'on l'appaisa, en lui prouvant les attentats de Mélius et en lui livrant les grands amas de bled dont ses greniers étoient remplis.

Page 52, *deux généraux ennemis, Pyrrhus et Annibal......* Pyrrhus, roi d'Epire, celui-même dont nous venons de parler, a été l'un des plus redoutables ennemis que les Romains aient eu à combattre. Les Tarentins, battus par les Romains, appellèrent ce roi à leur secours. Avant de passer en Italie, il envoya consulter l'oracle de Delphes sur le succès de son expédition. *Je te dis*, lui répondit Apollon, *que tu peux vaincre les Romains ou que les Romains peuvent te vaincre.* Tel est le sens de ce vers amphibologique.

Aio te Æacida, Romanos vincere posse.

Le roi d'Epire s'appliqua sans doute tout l'avantage de cette prétendue prophétie, car il ne balança pas à livrer au consul Lévinus une bataille sanglante auprès de la ville d'Héraclée. Il demeura maître

maître du champ de bataille, et ce fut à ses éléphans armés en guerre qu'il dut ce succès. La vue, l'odeur extraordinaire et les cris de ces animaux monstrueux, que les Romains voyoient pour la première fois, les effrayèrent à un tel point et effarouchèrent tellement les chevaux de leur armée, qu'ils causèrent la déroute plutôt que la défaite des Romains. Le combat fut très-meurtrier, et la perte des deux côtés à-peu-près égale. En voyant treize mille hommes des siens, c'est-à-dire à-peu-près la moitié de son armée, étendus morts sur le champ de bataille : *hélas*, dit-il, *si je remporte encore une semblable victoire, je retournerai presque seul en Epire*. Mais bientôt il reçut un renfort considérable de troupes Samnites, Lucaniennes et Messapiennes, et l'année suivante (474 de la fondation de Rome), Pyrrhus et les Romains se livrèrent une nouvelle bataille près d'Asculum en Apulie. Ce combat fut si sanglant encore de part et d'autre, que les Romains et Pyrrhus ne purent rien entreprendre de nouveau le reste de l'année.

On remarque que dans cette bataille d'Asculum, les Romains firent usage, pour la première fois, de chariots hérissés de faux et de fourches de fer et chargés de soldats armés de brandons d'une matière combustible, pour effaroucher les éléphans et embrâser les tours de bois que ces animaux portoient sur le dos.

Pyrrhus, ayant ravitaillé Tarente, passa en Sicile au secours des Syracusains attaqués par les Carthaginois. Au bout de deux ans d'une guerre brillante mais ruineuse, il fut rappellé par les Tarentins, battus par Fabricius, qui depuis ce temps-là les pressoit vivement et menaçoit de ruiner leur ville.

Enfin, l'an 478 de Rome, Pyrrhus et ses alliés livrèrent aux Romains, auprès de la ville de Bénévent, un dernier combat qui abattit totalement le Roi d'Epire et le força de repasser en Grèce pour y aller chercher, disoit-il, de nouveaux secours. C'étoit un prétexte dont il se servoit pour tromper ses alliés, car il sentoit parfaitement que les Romains étoient trop redoutables pour qu'il pût se flatter jamais de leur résister en Italie. Aussi n'y rentra-t-il jamais. Il alla se faire tuer deux ou trois ans après, dans la ville d'Argos, où il s'étoit précipité avec beaucoup plus de courage que de prudence.

Sa descente en Italie contribua infiniment à perfectionner la tactique des Romains. D'abord il les accoutuma aux éléphans et cela leur servit infiniment lorsqu'ils passèrent en Afrique, et peu de temps après dans l'Asie. Ensuite la victoire de Bénévent leur apprit l'art de se retrancher, de choisir et de former un camp à l'abri de toute attaque. Celui de Pyrrhus, dont ils admirèrent et dont ils imitèrent ensuite la disposition, leur servit d'une excellente leçon qu'ils n'oublièrent jamais. On doit remarquer, dit M. de Montesquieu, que ce qui a le plus contribué à rendre les Romains les maîtres du monde, c'est qu'ayant combattu successivement contre tous les peuples, ils ont toujours renoncé à leurs usages, sitôt qu'ils en ont trouvé de meilleurs.

Les Romains n'avoient pu s'empêcher d'admirer Pyrrhus, qui avoit de la grandeur d'âme, beaucoup de valeur et toutes les qualités d'un excellent général. Ils n'avoient pas les mêmes sentimens pour Annibal : ce dernier leur avoit trop fait de mal pour qu'ils fussent justes à son égard. Ils lui avoient juré une haine implacable. Pourquoi donc un philosophe aussi sage, aussi réfléchi que Cicéron, semble-t-il partager une aussi odieuse prevention. Les Romains n'ont jamais eu parmi eux un plus grand homme de guerre. Quand on examine bien cette foule d'obstacles qui se présentèrent devant Annibal, et que cet homme extraordinaire surmonta tous, observe le même M. de Montesquieu, on a le plus beau spectacle que nous ait fourni l'antiquité.

Les Romains étoient des ennemis dignes

de lui. Tout autre peuple auroit cédé à l'ascendant de son génie et à la force de ses armes ; mais, poursuit M. de Montesquieu, Rome fut un prodige de constance après les journées du Tésin, de Trébie et de Thrasimène ; après celle de Cannes, plus funeste encore, Rome, abandonnée de presque tous les peuples d'Italie, ne demanda point la paix ; c'est que le sénat ne se départoit jamais des maximes anciennes, et c'en étoit une qui remontoit aux premiers temps de la République et que le sénat déclara aux Volsques, du temps de Coriolan, que le peuple Romain ne pouvoit faire de paix tandis que ses ennemis étoient sur ses terres. Rome fut sauvée par la force de son institution : après la bataille de Cannes, il ne fut pas permis aux femmes mêmes de verser des larmes. Le sénat refusa de racheter les prisonniers, alla au-devant du consul Terentius Varron et le remercia de ce qu'il n'avoit pas désespéré du salut de la République. Cette sage compagnie sentoit que ce n'est pas ordinairement la perte qu'on fait dans une bataille qui est funeste à un état, mais le découragement qui le prive des forces mêmes que la fortune lui avoit laissées, et elle sentit combien, dans des circonstances aussi accablantes, il étoit nécessaire qu'elle fît renaître et s'attirât la confiance du peuple.

Si ce grand homme vit ensuite, malgré tous les recrutemens qu'il avoit faits en Italie même, son armée se fondre d'année en année, c'est qu'il recevoit très-peu de secours d'Afrique ; c'est qu'il fallut qu'il mît des garnisons dans les villes, et que forcé de défendre ses alliés, d'assiéger des places et de mettre de fortes garnisons dans celles qu'il avoit conquises, ses forces se trouvèrent trop petites et qu'il perdit en détail une grande partie de son armée. Les conquêtes sont aisées à faire, ajoute encore M. de Montesquieu, parce qu'on les fait avec toutes ses forces : elles sont difficiles à conserver, parce qu'on ne les défend qu'avec une partie de ses forces.

Personne au surplus n'ignore la suite de l'histoire de ce grand homme ; forcé de repasser en Afrique, après avoir tenu l'Italie et Rome même dans la plus grande frayeur, pendant seize années entières, il combattit malheureusement contre Scipion, à la journée de Zama, et vit sa patrie mise aux fers par ses implacables ennemis. Il la quitta et se réfugia dans différentes cours de l'Asie, où il ne trouva ni repos ni sûreté. La haine des Romains le suivit partout et ne se reposa point, qu'un vieillard qui avoit une si grande renommée, et qui d'ailleurs n'étoit plus à craindre, n'eut fini sa vie par le poison, à la cour de Prusias, roi de Bythinie.

Page 66, *Bias*, etc.... Il n'est pas vraisemblable que Bias, qui mourut en plaidant la cause d'un de ses amis, ait jamais dit qu'on devoit aimer comme pouvant haïr un jour. Une pensée aussi immorale auroit suffi pour le faire rayer du nombre des sept sages de la Grèce, et c'est avec raison que tout ce que ce mot recèle de perversité, soulevoit d'indignation l'âme sensible, noble et grande de Scipion Emilien.

Bias, se retirant de la ville de Prienne sa patrie, qui étoit assiégée, et se retirant sans emporter ni habits, ni argent, ni meuble d'aucune espèce, répondit à un ami qui lui en marquoit son étonnement, qu'il portoit tout avec lui ; réponse d'un grand sens et qui nous fait entendre que la science et la vertu sont les seuls biens qu'on ne puisse nous ravir. Ce philosophe vivoit six siècles avant l'ère chrétienne.

Page 76, *Timon d'Athênes*, surnommé le misanthrope, parce qu'il avoit juré une haine implacable à tous les hommes, a trouvé le secret par ce moyen-là même, quelqu'odieux qu'il soit, de s'immortaliser. Il marquoit cependant quelqu'attachement pour le jeune Alcibiade ; on lui en demanda la raison : *c'est que j'entrevois*, dit-il, *qu'il sera la cause de la ruine des Athéniens.*

Il fuyoit les hommes et s'éloignoit toujours d'eux. Un jour cependant, il se transporta dans l'assemblée du peuple, et dit à haute voix : « J'ai dans ma cour un figuier auquel » plusieurs Athéniens se sont déjà pendus ; » je me dispose à le faire abattre : je vous » donne donc avis, que s'il y a ici quelqu'un » qui veuille s'y pendre aussi, il ait à prendre » son parti sur-le-champ, car je ne veux » pas attendre ». Il grava lui-même une épitaphe pour être mise sur sa tombe : il y faisoit des imprécations contre ceux qui la liroient. Il vivoit vers l'an 420 avant l'ère chrétienne.

Page 77, *Architas de Tarente....* étoit un célèbre pythagoricien, qui vivoit vers l'an 408 avant notre ère. On prétend qu'il est le premier qui ait appliqué les mathématiques aux besoins et aux usages de la vie.

Page 81, *Térence....* poëte comique latin, naquit à Carthage, fut transporté à Rome, où il vécut long-temps comme esclave, mérita d'être affranchi par son maître et mourut dans un voyage qu'il fit en Grèce, l'an de la République 595. Le sénateur Térentius Lucanus lui donna la liberté parce qu'il fut charmé de son esprit et de sa bonne mine. Térence, qui avoit reçu une éducation distinguée et qui savoit parfaitement le grec et le latin, avoit un goût décidé pour la comédie, et dès qu'il fut maître de son temps, il s'appliqua d'une manière particulière à la lecture de Ménandre et des autres célèbres poëtes comiques grecs. Il se mit donc lui-même à composer des comédies dans lesquelles il sut faire passer ces traits naïfs, ces situations piquantes, ces bons mots pleins de naïveté et de vérité, qui avoient si fort réjoui les Athéniens et qui ne furent pas moins bien reçus par les Romains. Il joignit au talent si rare de bien peindre les mœurs de son siècle, le talent non moins rare d'une diction simple, élégante et naturelle. Cicéron lui donne les plus grands éloges. Il trouve dans son style la plus grande pureté et une grace infinie dans son discours ; en un mot, il le représente comme la règle du langage chez les Romains, et dit en termes positifs, que les comédies de Térence avoient paru si parfaites, que plusieurs personnes pensoient qu'elles étoient de Scipion Emilien et de Lélius, les deux personnages les plus aimables et les plus éloquens qui fussent alors à Rome. Il nous reste de lui six comédies, dont madame Dacier nous a donné une fidèle et savante traduction.

CHAPITRE IX.

De la Vieillesse. Page 82.

J'ai replacé à la tête du traité de la vieillesse le morceau qu'on va lire ; c'est l'exorde ou si l'on veut la préface du dialogue de Cicéron sur la vieillesse. Je ne sais pourquoi M. d'Olivet l'en avoit détaché et rejetté vers la fin de ce qu'il a intitulé : *Pensées diverses.*

Celui auquel il adresse ce traité, est

Titus Pomponius Atticus, son plus fidèle ami, l'homme qui lui avoit rendu les plus signalés services en le soutenant de ses conseils, de son crédit et même de sa bourse, dans tant de circonstances malheureuses où Cicéron se trouva pendant et après son consulat. On peut en voir la preuve dans ce nombre infini de lettres que lui écrivit Cicéron tant qu'il vécut et dont la précieuse collection est parvenue jusqu'à nous.

Pomponius étoit de l'ordre des chevaliers romains et l'un des plus savans hommes de son siècle; né sans ambition, il refusa constamment d'être élevé aux charges de la République, et comme il avoit formé le projet de mener une vie douce et retirée, il se garda bien de se jetter dans les différentes factions qui déchirèrent la République, du temps de Sylla et de Marius, de Pompée et de César, et pendant le fameux triumvirat, qui finit à la bataille d'Actium, c'est-à-dire l'an de Rome 721, époque de la ruine de l'état républicain. Lorsqu'il naquit, tous
les

les germes de la plus horrible révolution commençoient à fermenter et ils ne disparurent que deux ou trois ans après sa mort.

Cinna osa croire qu'il étoit possible d'asservir la République. Sylla, plus heureux que lui, écrasa Marius et resta le maître. Il fut imité par César, qui vainquit Pompée et se fit nommer dictateur perpétuel. Assassiné au milieu du sénat, il trouva de prétendus vengeurs, qui ne travaillèrent que pour eux, et l'incendie, entretenu par les triumvirs, ne s'éteignit que lorsqu'Auguste, ayant attiré à lui toute l'autorité, eut appris aux vainqueurs de l'univers à ramper sous un maître et à se soumettre à la volonté d'un seul.

Dès que Cinna commença à remuer, Pomponius se retira à Athènes où il passa plusieurs années de suite à apprendre la langue des Grecs, qu'il parla aussi parfaitement que s'il fut né parmi eux. Leur littérature et leurs arts lui devinrent si familiers qu'il passa bientôt pour l'un des plus savans hommes de son siècle. Quand les premiers orages de la guerre civile parurent s'appaiser, Pomponius revint à Rome, et les liens de l'amitié qui subsistoit déjà entre Cicéron et lui, se fortifièrent de plus en plus. Il fut recherché alors par tout ce qu'il y avoit de plus éclairé, soit dans le sénat, soit au barreau, soit même dans l'épée; ainsi, Hortensius, Messala, Plancus et une foule d'autres personnages non moins célèbres, Agrippa lui-même, le favori d'Octave, le connurent et l'aimèrent : mais le calme qui l'avoit ramené dans sa patrie ne tarda pas à être troublé, d'abord par la guerre que César déclara à la République, dans la personne de Pompée, et peu de temps après par la réunion monstrueuse de trois Romains, Antoine, Lépide et Octave, qui ne craignirent pas de partager entr'eux la République et d'en disposer comme de leur héritage. Les Romains n'avoient point fait un crime de la modération, et Pomponius étoit modéré : César et Pompée ne l'ignoroient pas, et quand il leur eut déclaré qu'il ne prendroit le parti ni de l'un ni de l'autre, et qu'il seroit *la proie du vainqueur*, ils le laissèrent tranquille. Les triumvirs se conduisirent de même, et les poignards de la proscription le respectèrent ; ainsi, pendant que le bruit des armes retentissoit partout, et que des vainqueurs farouches versoient le sang Romain à grands flots, pour s'emparer des dépouilles de leurs innocentes victimes, Atticus composoit des annales et d'autres ouvrages en grec et en latin, dont il est fait mention dans les auteurs du temps, mais qui ne sont pas parvenus jusqu'à nous.

Il est vrai qu'il fut compris dans la fatale liste des proscrits et obligé de se cacher avec Q. Gellius Canus, son ami intime depuis l'enfance, et qui lui ressembloit infiniment par la douceur de ses mœurs. Antoine fut bientôt instruit du lieu de sa retraite, mais il se souvint sans doute des grandes obligations qu'il lui avoit. Voici à quelle occasion :

Après qu'Antoine eut été forcé de lever le siége de Modène, lui et ses partisans furent déclarés ennemis publics par un sénatus-consulte, et il fut résolu qu'on les poursuivroit avec la plus grande vivacité, jusqu'à ce que l'on eut complettement achevé leur ruine, on établit même une commission pour rechercher tout ce qu'Antoine avoit fait durant son consulat, et pour obtenir la réparation des criantes injustices dont il s'étoit rendu coupable, non-seulement envers la République, mais envers de simples particuliers. En conséquence, on annulla ses ordonnances, et son nom fut proscrit.

Dans de pareilles circonstances, qui est-ce qui auroit osé se dire l'ami d'Antoine? Ceux-mêmes qui lui devoient tout l'abandonnoient et se joignoient à ses ennemis. C'est alors qu'Atticus, qui ne voyoit dans Antoine qu'un malheureux, protégea Fulvie sa femme, et mit en sûreté ses enfans qui couroient risque de la vie, et certes il n'agissoit en cela par aucune vue d'intérêt personnel, car tout le monde croyoit Antoine perdu sans ressource, et il n'y avoit pas d'apparence en effet que jamais il pût se relever de sa chute.

Antoine lui écrivit donc de sa main, qu'il n'avoit rien à craindre ni pour lui-même ni pour Gellius Canus, et qu'il les avoit fait effacer l'un et l'autre de la liste des proscrits. Antoine fit plus, il travailla à lui donner pour gendre le célèbre Agrippa, auquel Auguste dut depuis, et la défaite d'Antoine à Actium, et même l'Empire, puisque ce furent les victoires multipliées d'Agrippa qui lui donnèrent une supériorité décidée sur tous ses ennemis.

Toujours fidèle à sa maxime de ne point entrer dans les querelles des factieux, Atticus sut cultiver tout-à-la-fois l'amitié d'Antoine et celle d'Octavien qui ne cessèrent l'un et l'autre de lui donner des témoignages de la plus haute considération.

Ces deux triumvirs, (car Lépide venoit

d'être réduit par eux à une entière nullité) ces deux triumvirs, disons-nous, n'en étoient pas encore venus entr'eux à la dernière rupture qui en fit des ennemis irréconciliables, qu'Atticus fut attaqué d'une maladie, (la fistule) que la chirurgie n'avoit point encore trouvé l'art de guérir. Les remèdes usités alors ne firent qu'aigrir le mal. Atticus, qui étoit Epicurien et qui regardoit la douleur comme le souverain mal, fut bientôt las de souffrir, et il se détermina à ne prendre aucune espèce de nourriture; ayant passé deux jours sans manger, la fièvre le quitta et il se trouva mieux; mais son parti étoit pris, il s'obstina à mourir, comptant pour peu le sacrifice des restes d'une vie languissante. (Il avoit soixante-dix-sept ans.) Il faut convenir qu'Atticus fut un personnage singulier : il brilla sans dignités, et fut l'ami de tous les grands, en se renfermant dans les bornes d'un état médiocre et d'une vie privée; il trouva même le secret si rare, en gardant une neutralité dont chacun d'eux auroit pû s'offenser, de conserver l'amitié de ceux qui se faisoient les uns aux autres la guerre la plus cruelle et la plus outrée, et il passa toute sa vie au milieu des orages, car le calme ne se rétablit à Rome, comme nous l'avons déjà dit, que quelques années après sa mort.

Page 82, *certains événemens*..... Cicéron fait allusion, sans doute, au déchirement qu'éprouvoit la République, pendant la guerre que se faisoient Pompée et César. Il connoissoit la modération d'Atticus et il affecte de n'entrer dans aucuns détails et même de ne pas parler plus clairement, de peur d'affliger son ami, dont toute la politique consistoit à faire des vœux pour la conservation de la République, mais qui auroit craint de se compromettre, en paroissant pencher pour l'un ou l'autre des compétiteurs.

Page 93, *Œdipe-Colonne*, ou Œdipe à Colonne.

Quand on venoit de Thèbes à Athênes, on rencontroit sur le chemin et à peu de distance de cette dernière ville, une petite colline appellée par les Grecs *Colonos* ; elle se trouvoit du côté de la porte de la ville appellée *Dypile* (double porte.)

En sortant de la ville par cette porte, on trouvoit le Céramique. L'Académie où Platon rassembloit ses disciples étoit à six stades de cette place. Ainsi la colline auprès de laquelle Œdipe s'étoit arrêté, étoit placée entre l'Académie et la ville.

Cette colline étoit le chef-lieu de ce petit canton et donnoit son nom aux habitans ; on les appelloit *Coloniates*. Neptune avoit là un temple sous le nom de *Neptune Hippien* : Minerve y avoit aussi le sien, sous la même dénomination.

Sophocle vouloit plaire aux Athéniens, et tel est le but de toutes ses tragédies, mais ce but n'est nulle part mieux marqué que dans l'Œdipe-Colonne. Il cherchoit à se rendre agréable, non-seulement aux

Athéniens, mais plus particulièrement encore à ceux qui étoient de sa tribu et de son canton, car il étoit *Coloniate*. Il est évident, dès-lors, qu'on peut appeller cette tragédie Œdipe à Colonne. Les savans l'ont appellée simplement *Œdipe - Colonne*, et cette dénomination paroît avoir été adoptée.

Cicéron, dans le livre 5, *de finib.* dit que cette tragédie est remplie de sentimens tendres et touchans.

Au surplus, il existe deux tragédies d'Œdipe, l'une intitulée *Œdipe Roi*, et l'autre *Œdipe sur la Colonne*.

Page 84, *à Lélius et à Scipion*. Il est question en cet endroit de Caïus Lélius et de Publius Cornélius Scipion l'Africain, vainqueur d'Annibal.

Il est trop ordinaire aux jeunes gens de confondre les deux Lélius et les deux Scipions, et cependant ils ne sauroient trop s'appliquer à les distinguer avec soin et à ne leur attribuer à l'un et à l'autre, que les fait qui leur appartiennent individuellement.

Chacun des deux Scipions eut pour ami intime un Lélius, et comme ces derniers eurent le même prénom, (Caïus) que l'un et l'autre parvint au consulat, que tous les deux furent les amis intimes et les compagnons de la gloire des deux Scipions ; c'est-à-dire comme Caïus Lelius, attaché à Publius Cornélius Scipion, servit avec éclat sous ce dernier, qu'il fut commandé par ce général pour faire une première descente en Afrique, qu'il s'acquitta avec gloire de cette périlleuse commission, que deux ans après, toujours envoyé par le même Scipion, il battit Syphax, Roi de Numidie, et le fit prisonnier ; qu'en 562 de la fondation de Rome, il parvint au consulat avec Lucius Cornélius, frère de Scipion l'Africain, et qu'en 563, il établit deux colonies de familles Romaines dans la Gaule Cisalpine ; il est certain qu'il jouoit un grand rôle dans sa patrie, et qu'il paroît assez extraordinaire qu'on ne le distingue pas facilement d'un autre Caïus Lélius, qui étoit son fils et qui parut aussi dans la République avec éclat, mais environ un demi-siècle après.

Cette confusion, malgré tous les traits qui distinguent les deux Caïus Lélius, n'a rien d'étonnant. Le second Caïus Lélius fut aussi l'ami intime du second Scipion l'Africain. Il l'accompagna dans toutes ses expéditions et eut grande part à sa gloire. Il parvint même au consulat comme son père et rendit à Scipion Emilien des services non moins importans que ceux que son père avoit rendus à Scipion l'Africain.

« Scipion Emilien eut comme son aïeul
» adoptif, (le premier Scipion) l'avantage
» d'être chargé de la guerre d'Afrique, sans
» avoir été obligé de tirer au sort avec son
» collègue, et par un nouveau trait de res-
» semblance entr'eux, (est-il dit dans les
» annales romaines, page 326 et 327) il
» se fit accompagner dans ses expéditions
» par Lélius son intime ami, fils de cet
» autre Lélius qui avoit autrefois si bien
» secondé la valeur du grand Scipion. Il

» emmena aussi avec lui l'Achéen Polybe,
» qui étoit entré bien avant dans sa confi-
» dence, et dont il prisoit beaucoup les
» conseils. Lélius et Polybe étoient aussi
» excellens écrivains que grands guerriers.
» L'un a passé pour avoir beaucoup con-
» tribué, avec Scipion Emilien, à la com-
» position des excellentes comédies que
» nous avons, sous le nom du poëte Té-
» rence ; l'autre s'est rendu extrêmement
» célèbre par sa belle histoire romaine ».

Revenons au premier Scipion : à la bataille du Tésin, livrée l'an 535 de la République par Annibal, aux Romains commandés par Publius Cornélius Scipion, les Carthaginois eurent un avantage décidé, et le général couroit risque de perdre la vie, si son fils, surnommé depuis l'Africain, quoiqu'âgé à peine de dix-sept ans, ne l'eut dégagé en lui amenant un gros corps de cavalerie qui pénétra jusqu'à lui et l'arracha aux Carthaginois.

Sept ans après le jeune Scipion, qui
n'avoit.

n'avoit qu'environ vingt-quatre ans et qui s'étoit déjà distingué par des actions d'éclat qui annonçoient une grande valeur et surtout une grande prudence, fut choisi avec la qualité de proconsul, pour succéder au propréteur Caïus Claudius Néron, qui avoit manqué en Espagne l'occasion de détruire toute l'armée d'Asdrubal, enfermée dans un défilé où elle auroit péri faute de vivres, si Asdrubal ne fut parvenu à amuser le général Romain par de longs pour-parlers de paix et à faire évader peu-à-peu toutes ses troupes par-dessus les montagnes.

Il faut lire dans l'histoire romaine toutes les belles actions de Scipion l'Africain; tout ce qu'il fit de mémorable en Espagne, en Sicile, en Afrique, la victoire qu'il remporta à Zama, sur le fameux Annibal, son retour à Rome, son triomphe, l'offre généreuse qu'il fit de servir sous son frère en qualité de lieutenant, contre Antiochus, Roi de Syrie, la noble-fierté avec laquelle il repoussa les téméraires accusations de deux tribuns, qui osèrent l'accuser de péculat, et sa sortie de Rome pour se retirer dans sa maison de campagne à Linterne, où il passa le reste de sa vie, enveloppé de sa gloire et méprisant une ville ingrate, où la cupidité, une ambition effrénée, l'oubli de tous les principes, prenoient la place des vertus civiles et militaires qui avoient conduit la République au comble de la puissance et répandu sur elle un éclat qui paroissoit ne devoir jamais s'affoiblir.

Quant à Scipion Emilien second Africain, il en sera encore question à la tête du troisième volume qui commence par le songe qui porte son nom.

Page. 95, *Masinissa*. Nous donnerons la notice de Masinissa quand nous expliquerons quelques faits qu'il faut connoître plus particulièrement pour bien entendre le songe de Scipion. Nous nous contenterons de dire ici un mot sur la cavalerie Numide, qui fit tant de mal aux Romains comme ennemie, et qui leur rendit de si importans services lorsque Masinissa devint leur allié.

« Au simple coup-d'œil rien n'étoit plus méprisable que cette cavalerie. Tant hommes que chevaux, ils étoient petits et maigres. Les cavaliers étoient sans ceintures et n'avoient pour armes que de simples javelots. Les chevaux sans mords couroient d'une façon difforme, ayant l'encolure roide, la tête basse et allongée ». (*)

Cependant cette cavalerie, qui étoit d'une bravoure à toute épreuve, décida souvent la victoire en faveur de ceux dans l'armée desquels elle se trouvoit, et battit plus d'une fois les Romains quand elle fut commandée, soit par Jugurtha, soit par Annibal.

Page 98, *le grand Fabius.* Il s'agit ici du temporiseur qui a immortalisé un assez mauvais vers d'Ennius, que tout le monde

---

(*) Rollin, hist. Rom. t. 7, p. 39.

sait par cœur, parce qu'il rappelle un événement qui sauva la République Romaine.

Unus homo nobis cunctando restituit rem.

Il faut que les jeunes gens lisent l'histoire de Fabius, qui fut véritablement, dans un siècle déjà corrompu, un modèle de sagesse, de patience, d'un courage inébranlable et toujours froid, et qui, comme nous l'avons déjà dit, n'eut qu'un seul défaut, celui de n'avoir pas connu et d'avoir mal jugé le grand Scipion.

Page 84, *Caton l'ancien*, ou le censeur, naquit vers l'an 519 de la République et mourut l'an 606, âgé de quatre-vingt-dix ans. Quelques envieux prétendoient qu'il n'avoit qu'une vertu d'ostentation et que, sous un extérieur sévère, il cachoit une âme envieuse, vénale et corrompue, mais un homme qui à toutes les époques de sa vie montra le plus parfait désintéressement ; qui traitoit ses esclaves mêmes, non en maître sévère, mais comme des amis malheureux, qui, quoiqu'homme nouveau, se distingua à la guerre par un courage intrépide, qui parvint au consulat, qui exerça, dans un temps où les mœurs commençoient à se corrompre, les fonctions si délicates de censeur et qui, tant que la République subsista, fut regardé comme le plus parfait modèle que les Romains pussent se proposer dans leur vie privée et dans leur vie publique, étoit digne de toute sa réputation. On ne peut lui reprocher qu'une faute, mais qu'on doit lui pardonner, puisqu'il la partagea avec le grand Fabius, c'est qu'il eût le malheur de ne pas connoître la supériorité des talens du premier Scipion l'Africain et d'avoir douté de sa vertu.

Ce jeune Romain, à peine âgé de vingt-quatre ans, venoit, comme nous venons de le dire, d'être chargé de passer en Afrique et d'attaquer Carthage, comme Annibal avoit attaqué Rome.

Scipion étoit magnifique et joignoit à des manières nobles et libérales, la plus belle âme et la vertu la plus solide.

Les hommes médiocres, toujours jaloux de ceux qui montrent un grand caractère, accusèrent Scipion, qui avoit le département de la Sicile, d'y passer sa vie dans l'oisiveté, la profusion et la mollesse. Le grand Fabius, excité par Caton, demandoit qu'on lui ôtât le commandement qui lui avoit été continué dans cette province, avec la qualité de proconsul. Il lui reprochoit l'expédition de Locres, sous prétexte que cette ville n'étant point dans son département il l'avoit prise contre toutes les règles de la subordination militaire.

Le sénat, qui crut entrevoir plus d'animosité que de justice dans l'avis de Fabius, nomma dix commissaires pour aller sur les lieux-mêmes prendre connoissance des préparatifs et de l'état des forces de Scipion.

Scipion reçut les commissaires avec dignité, et leur fit voir son camp, ses arsenaux et sa flotte.

Cinquante vaisseaux de guerre équipés avec tout le soin possible ; trente mille soldats bien armés, assujettis à une discipline sévère et qui ne respiroient que la guerre contre les ennemis de la République, les jettèrent dans l'étonnement et dans l'admiration. Ils savoient que Rome n'avoit presque pas fourni de secours à Scipion, et que lui seul avoit pour ainsi dire créé en un instant un corps si formidable. Oui, disoient-ils, si Carthage doit être vaincue, elle le sera par une aussi belle armée. Sur leur rapport le sénat ordonna que Scipion passeroit en Afrique et lui donna même des pouvoirs pour y rester jusqu'à la fin de la guerre. Caton y passa lui-même en qualité de questeur, et sans doute il fut chargé secretement, par les ennemis du général Romain, d'inspecter sa conduite.

Scipion, par son passage en Afrique, par la manière dont il y fit la guerre, par la bataille de Zama, qu'il gagna sur Annibal, et l'abaissement de Carthage, la rivale éternelle de Rome, imposa silence à la jalousie de ses détracteurs et se couvrit d'une gloire immortelle.

Caton, qui dans la guerre contre Antiochus le grand servoit en qualité de tribun légionaire, conseilla au consul Acilius, qui commandoit cette armée, de déloger les Etoliens postés sur les hauteurs qui couvroient le camp du Roi de Syrie et se chargea de l'exécution. Dans le temps que les Syriens étoient le plus occupés à se défendre contre l'attaque des Romains, Caton, à la tête du détachement qu'il conduisoit, fondit sur ces Etoliens avec impétuosité et les obligea de plier. La déroute des Etoliens entraîna celle du Roi de Syrie. Ce Roi lui-même, qui avoit reçu une blessure considérable, eut bien de la peine à s'échapper. Il se retira à Chalcis avec cinq cents cavaliers seulement.

Ainsi on peut dire que le succès de la fameuse bataille des Thermopiles fut dû à Caton, et que ce fut lui qui ouvrit aux Romains le chemin de l'Asie. *Allez à Rome*, lui dit Acilius, en le chargeant de porter la nouvelle de sa victoire à ses concitoyens;

vous avez rendu plus de services à la République que vous n'en avez reçu de bienfaits. (*)

Ce succès de Caton n'étoit point étonnant, il avoit fait la guerre en Espagne en qualité de consul, cinq ans avant cet évènement, et il avoit déployé dans cette expédition périlleuse, contre des ennemis féroces et intraitables, le plus grand courage et la constance la plus invincible. Ce qui est digne d'être remarqué ici, c'est que Caton, ancien consulaire, qui avoit mérité et obtenu l'honneur du triomphe, ne dédaigna pas de servir comme simple lieutenant sous un consul plus jeune et moins connu que lui, et d'exécuter ses ordres avec plus d'exactitude et de soumission peut-être que ne l'auroit pu faire le dernier centurion de l'armée.

Au reste, l'exemple que donne ici Caton, tous les Romains qui aimoient véri-

_____

(*) An de Rome 562.

tablement leur patrie, le donnoient à l'envi, sur-tout dans les heureux temps où les principes étoient encore respectés, et le premier Scipion l'Africain ne dédaigna pas de servir en second sous L.C. Scipion son frère.

Mais cette même guerre, qui fit donner à Luc. Corn. Scipion le glorieux surnom d'Asiatique, pensa être par ses suites également funeste et aux deux frères et à la République.

Les deux Pétilius, tribuns du peuple, accusèrent Lucius Cornélius Scipion, frère de l'Africain, d'avoir détourné à son profit particulier, les sommes immenses qu'il avoit exigées d'Antiochus, et ce fut à ce qu'on prétend à l'instigation de Caton qu'ils osèrent diriger cette attaque contre Scipion l'Asiatique, afin de la faire retomber contre Scipion l'Africain, qui avoit été le conseil principal du général en chef.

Quoiqu'il en soit, la gloire dont les principaux membres de la maison Cornelia s'étoient couverts, leur avoit fait beaucoup d'ennemis, et Caton n'étoit pas le moins redoutable. Ce fameux Romain, recommandable par tant de grandes qualités du cœur et de l'esprit, étoit cependant susceptible des passions des hommes foibles. Il est vrai que sa sévérité s'effarouchoit des grands changemens que les victoires des deux frères et sur-tout celles remportées sur Antiochus, apportèrent dans les mœurs anciennes de Rome. Elles y introduisirent d'immenses richesses et y firent entrer en même-temps le goût du luxe, de la mollesse et des délices, car c'est à la conquête de l'Asie que remonte la principale époque de la corruption des mœurs dans la République Romaine. Si Rome vainquit l'Asie par les armes, l'Asie triompha de Rome par une foule de vices et de désordres, compagnes inséparables des grandes richesses. Elles étouffèrent l'amour de la pauvreté et de la simplicité qui en avoient fait l'honneur et toute la force. Le luxe qui entra comme en triomphe à Rome, avec les dépouilles de l'Orient, y fit plus de mal que n'auroient pu faire les armées les plus redoutables, et vengea, d'une manière bien cruelle pour les vainqueurs, l'univers vaincu.

.... Sævior armis
Luxuria incubuit victumque ulciscitur orbem.
Juven. Sat. 6.

C'est-là sans doute ce qui donnoit tant d'humeur à Caton. Au surplus, il ne paroît pas que son acharnement contre les deux Scipions lui eut rien fait perdre de la faveur que lui portoit le peuple Romain, car l'an de Rome 568, il fut nommé censeur malgré tous les nobles qui avoient formé contre lui la brigue la plus violente et lui avoient juré une haine immortelle.

La censure, dit M. Rollin, étoit le comble des honneurs et pour ainsi dire le couronnement de toutes les dignités où pouvoit aspirer l'ambition d'un citoyen Romain. Les Romains pensoient que l'on ne devoit pas laisser à chaque particulier la liberté de se conduire à sa fantaisie et de vivre

vivre au gré de ses passions, et qu'il ne suffisoit pas que les crimes qui attaquent directement la société fussent punis par les lois, si les actions contraires à la probité et à l'honneur n'étoient soumises à l'animadversion publique de magistrats libres et affranchis des formalités ordinaires de la justice...... Les censeurs étoient comme les gardiens des mœurs. Ils tenoient en respect, non-seulement les gens du peuple, mais les premiers de l'état, qui pouvoient après les actions les plus éclatantes, être flétris par le censeur d'une note infamante, s'ils avoient manqué à la probité et violé les mœurs.

Lorsque Caton se présenta pour la censure, il trouva un grand nombre de compétiteurs des premières familles de Rome; mais quelqu'illustre que fut la naissance des uns et des autres, et quoique Caton ne fut qu'un homme nouveau, il n'y en avoit aucun qui l'effaçât. Il avoit, dit Tite-Live, un génie si souple et si propre à tout, que quelque chose qu'il entreprit, il paroissoit né pour y réussir. Brave de sa personne, il y avoit peu d'officiers qui se fussent distingués par plus d'actions particulières de valeur ; et parvenu au commandement des armées, il ne tarda pas à être regardé comme un des plus grands et des plus habiles généraux que jamais la République Romaine eut eus. Consommé dans les matières de droit et dans les exercices du barreau, il n'étoit pas moins savant jurisconsulte qu'orateur éloquent. Il composa plusieurs discours, soit pour sa défense, soit pour celle de ses amis, soit contre ses adversaires. Si ses ennemis ne lui laissèrent pas un moment de repos, il ne les attaqua pas avec moins de vivacité et moins de persévérance. La Noblesse le fatigua, mais aussi il ne la laissa jamais tranquille. Il est vrai que son caractère étoit austère et même dur, et qu'il porta le sarcasme jusqu'à une aigreur outrée ; mais, d'un autre côté, il étoit supérieur à toutes les passions qui dominent la plupart des hommes. Ses mœurs étoient d'une innocence rigide et inaltérable. Il méprisoit également et la faveur et les richesses ; enfin, il se montra si intrépide dans les périls, et si infatigable dans les travaux, qu'il paroissoit, ajoute le même Tite-Live, avoir un courage et un corps de fer, dont le temps qui affoiblit tout, ne put jamais altérer la vigueur. Appellé en jugement à quatre-vingt-six ans, il plaida lui-même sa cause avec force et la laissa par écrit. Il en avoit quatre-vingt-dix lorsqu'il accusa Servius Galba devant le peuple.

Enfin, il emporta en quelque sorte la censure de vive force, et il en exerça les fonctions, déjà fort rigoureuses par elles-mêmes, avec une extrême sévérité et quelquefois avec injustice, car il ôta à Scipion l'Asiatique le cheval que lui entretenoit la République, et le dégrada du rang de chevalier ; rigueur qui fut généralement désapprouvée et qui parut être une suite de sa jalousie et de sa mauvaise volonté à l'égard de Scipion l'Africain. Quoiqu'il en soit, il mourut estimé et regretté des Romains, et durant plus d'un siècle encore que subsista la République Romaine depuis sa mort, il fut généralement représenté comme l'un des plus grands hommes qui eussent jamais paru à Rome et comme le plus excellent modèle qu'on pût proposer à ceux qui vouloient marcher dans la route du devoir et de la vertu.

Page 94, *Cécilius dans ses Synéphèbes*.... Les *Synéphèbes*, ou *les jeunes camarades*, étoient une comédie grecque de Ménandre, traduite ou imitée en latin par Cécilius, qui est appellé *Statius* dans le texte. *Statius*, nom servile, est une espèce de sobriquet, qui lui étoit resté de sa fonction d'esclave. (*D'Olivet.*)

Page 103, *Platon*.... Platon, l'un des plus grands philosophes de la Grèce et des plus beaux génies qui aient jamais paru dans le monde, naquit à Athènes vers l'an 429 avant notre ère et mourut à quatre-vingt-un ans. Ce qui nous reste de ses ouvrages est excellent, et ses dialogues, très-bien écrits en grec, passent presque tous pour des chef-d'œuvres. Sa doctrine contient ce que Socrate, son maître, et les plus excellens esprits de la Grèce ont pensé de plus juste et de plus raisonnable sur la destination de l'homme. Platon reconnoît un seul Dieu qui gouverne le monde avec une souveraine sagesse. Il reconnoît aussi l'immortalité de l'âme et dit qu'il y a des récompenses pour les bons après la mort, et des châtimens pour les méchans. Quintilien observe quelque part, que c'est avoir beaucoup profité dans l'étude des belles lettres, que d'aimer la lecture des ouvrages de Cicéron. On peut dire aussi que c'est avoir beaucoup profité dans la science des mœurs, que de se plaire à la lecture des ouvrages de Platon.

Page 103, *telle fut aussi celle d'Isocrate...* Isocrate étoit contemporain de Platon. Ils étoient, à quelques années près, du même âge, et leur liaison, formée dès l'enfance, ne s'altéra jamais.

Les ouvrages d'Isocrate présentent partout de grandes beautés, mais ils fournissent aussi des armes puissantes à la critique. Rien n'est plus doux, plus pur que son style. Quelquefois même il est pompeux et magnifique, mais souvent aussi il est diffus et surchargé d'ornemens, qui au lieu de l'embellir, le déparent. Son éloquence flattoit l'oreille, mais elle étoit peu propre à émouvoir le cœur. Comme il paroît plus attaché aux mots qu'aux choses, qu'il cherche perpétuellement à arrondir des périodes, qu'il ne diversifie pas assez les formes de son élocution, il finit par réfroidir et ennuier le lecteur. Il traite cependant dans ses harangues les articles les plus importans de la morale et de la politique; mais, plus occupé de son art que des vérités qu'il discute, il écrit sans chaleur et ne persuade personne.

Isocrate, (observe l'auteur du jeune Anacharsis, page 161, tome II) a vieilli faisant, polissant, repolissant, refaisant un très-petit nombre d'ouvrages ; son panathénaïque ou son panégyrique d'Athênes, lui coûta, dit-on, dix années de travail. Pendant tout le temps que dura cette laborieuse construction, il ne s'apperçut pas qu'il élevoit son édifice sur des fondemens qui devoient en entraîner la ruine. Il pose pour principe que le propre de l'éloquence est d'aggrandir les petites choses et d'appetisser les grandes..... C'est méconnoître l'éloquence que d'en donner une idée aussi fausse.

Malgré tous les défauts d'Isocrate, ses écrits présentent tant de tours heureux et de saines maximes, qu'ils serviront toujours de modèles à ceux qui auront le talent de les étudier. C'est un rhéteur habile, destiné à former d'excellens écrivains ; c'est un instituteur éclairé, toujours attentif aux progrès de ses disciples et au caractère de leur esprit. Ephore de Cume et Théopompe de Chio, qui prirent ses leçons, en firent l'heureuse épreuve. Après avoir donné l'essor au premier et réprimé l'impétuosité du second, il les destina tous deux à écrire l'histoire. Leurs ouvrages firent honneur à la sagacité du maître et au talent des disciples.

Page 104, *Ennius* (Quintus), né en Calabre, environ 240 ans avant l'ère chrétienne, fut mené à Rome par Caton le censeur, auquel il avoit appris le grec. Il composa, dit-on, grand nombre de tragédies, et singulièrement les annales de la République Romaine. Ce dernier ouvrage faisoit les délices de Cicéron, moins sans doute par la beauté du style, car la langue latine étoit encore à cette époque informe et grossière, que par une foule de faits anciens et d'anecdotes piquantes, dont l'orateur Romain savoit très-bien faire son profit. On dit que Virgile empruntoit quelquefois des vers de ce poëte, dont sans doute il négligeoit la diction pour ne s'attacher qu'aux idées, et disoit que c'étoient des perles tirées du fumier d'Ennius. Ennius étoit lié avec toute la famille des Scipions et fut enterré dans leur tombeau. Le poëte Lucrèce et Cicéron en font un grand éloge.

CHAPITRE IX.

Sur la Mort.

Page 105, *ne trouver dans la mort qu'un malheur éternel....* Selon l'idée que la raison des Payens se formoit d'un Être Suprême, ils ne le considéroient que comme une bonté infinie. Mais la religion nous enseigne, qu'en Dieu la bonté est inséparable de la justice, et que comme il y a des récompenses éternelles pour les gens de bien, il y a des peines éternelles pour les coupables. (*d'Olivet.*)

Page 108, *Priam a versé plus de larmes que Troïle...* Troïle, fils de Priam, n'étoit encore pour ainsi dire qu'un enfant, lorsqu'il fut tué par Achille. Priam, au contraire, étoit un vieillard lorsque Pyrrhus, fils de ce même

Achille, le tua aux pieds d'un autel où il s'étoit réfugié. Ainsi, il est certain que Priam, après un siége de dix ans, pendant lequel il avoit perdu presque tous ses enfans et sur-tout son cher Hector, avoit essuyé plus de malheurs et versé plus de pleurs que le dernier de ses fils qui fut moissonné à la fleur de son âge.

Page 115, *la doctrine de quelques modernes philosophes......* Les philosophes dont parle Cicéron sont les Epicuriens. Dans son traité de l'amitié, Lélius, un de ses interlocuteurs, appelle Epicure un philosophe moderne, parce qu'en effet Lélius étoit né trente à quarante ans après la mort d'Epicure.

Page 115, *grande Grèce.* On appella grande Grèce cette partie de l'Italie qui compose aujourd'hui le royaume de Naples. Ce fut là que Pythagore, le premier qui ait pris le nom de philosophe, enseigna sa doctrine sous le règne de Tarquin le superbe.

Page 116, *le plus sage de tous les hommes......* C'étoit Socrate.

NOTE GÉNÉRALE.

J'APPELLE note générale celle qui va suivre et terminer le second volume, parce qu'elle peut s'appliquer à tous les passages de Cicéron où il est question de la doctrine des anciens philosophes, de leurs dogmes et de leur morale. Elle devroit se trouver à la tête même des notes qui sont dans le premier tome, c'étoit là sa véritable place ; mais, ayant été égarée et ne s'étant retrouvée qu'au moment où l'on alloit commencer l'impression du troisième volume, je suis forcé de la placer ici.

Anciens philosophes.

Ce fut vers le temps de Socrate et de Platon que les écoles les plus célèbres de la Grèce, l'école Ionique, fondée par Anaximandre, l'école Italique, fondée par Pythagore, l'école Eléatique, fondée par Xénophane, se réunirent dans Athènes.

Celles d'Anaximandre et de Pythagore s'attachoient principalement à la physique où ils puisoient même leurs dogmes théologiques.

Xénophane s'appliquoit surtout à la dialectique, dont Zénon d'Elée avoit trouvé les principes et tracé la méthode. C'étoit à l'aide de cette méthode qu'en toute matière on jugeoit du vrai et du faux.

La philosophie ainsi morcelée, ne présentoit que des membres épars. Platon les réunit, et prenant dans l'école Italique la physique de Pythagore, la morale de Socrate dans l'école Ionique, et dans l'Eléatique l'art de raisonner du premier Zénon, il parvint à former un corps entier de philosophie. Platon, dit l'orateur Romain, (*)

(*) Fuit..... accepta à Platone philosophandi ratio triplex, una de vitâ et moribus, altera de naturâ et

adopta

adopta un système de philosophie qui rouloit sur trois objets, sur la morale, sur la physique et sur la recherche du vrai et du faux, tant dans le raisonnement que dans la manière de juger des choses. Une aussi magnifique conception, qui embrassoit la science de la nature, l'art de bien vivre et l'art de raisonner, supposoit dans celui qui en faisoit l'objet de ses leçons, l'élévation d'un génie du premier ordre, et une vaste étendue de connoissances; aussi, les Athéniens les plus spirituels et tout à-la-fois les plus légers des peuples de la Grèce, voulurent-ils tous se faire philosophes. (*) La ville d'Athênes compta bientôt plusieurs écoles où ils accouroient tous dans la vue de s'instruire. De nouveaux maîtres, qui

---

rebus occultis, tertia de disserendo, et quid verum quid falsum, quid rectum in oratione, pravum ve, quid consentiens, quid repugnet judicando. (*Cic. Acad. quæst. lib. I*).

(*) Mirum est quanto studio inquirendæ veritatis Græcia omnis exarserit. *Lact. Inst. lib. 4, cap. I.*

tous vouloient se distinguer par la nouveauté et presque toujours par la singularité de leurs systêmes, se présentoient de toutes parts, et bientôt le champ de la philosophie auroit produit plus d'erreurs que de vérités, plus de poisons que de fruits, si Sophocle, fils d'Amphielide, n'eut porté une loi qui défendoit, sous peine de la vie, à tout philosophe, d'ouvrir désormais aucune école, sans y être autorisé par le gouvernement.

Socrate, ennemi de toute contention, se contentoit d'instruire par le dialogue et de réfuter par l'ironie. Une manière si digne d'un sage, qui sans aucun retour sur lui-même, cherche de bonne foi la vérité, fut bientôt abandonnée et céda la place à la dispute; mais la dispute, toujours orgueilleuse et toujours opiniâtre, ne pouvoit, au lieu d'éclairer l'esprit et de régler le cœur, qu'obscurcir la vérité, accréditer le mensonge et plonger les hommes dans les plus funestes erreurs. A peine donc Socrate et Platon son élève avoient-ils eu le temps de former quelques disciples, qu'on vit s'élever une foule de sectes, (*) qui loin de s'occuper à rechercher la vérité, ne travaillèrent, en se décriant les unes les autres, qu'à déshonorer la philosophie.

Et d'abord, ils se divisèrent sur la morale et sur la dialectique. Ils ne s'accordoient pas non plus dans les matières de physique ni dans la manière de penser sur le monde et sur la Divinité.

L'athéisme triomphoit dans l'école d'Epicure; l'éternité du monde étoit enseignée dans le Lycée, et le Portique admettoit un principe à-la-fois intelligent et matériel.

(*) Les Péripatéticiens, les Stoïciens, les Ciniques, les Epicuriens, les Cyrénaïques, les Pyrrhonniens, etc. Quoique Platon donnât ses leçons dans le jardin d'Académus, c'est après sa mort que ses disciples furent appellés académiciens, pour les distinguer des autres sectes de philosophes, lesquelles, au rapport du savant Varron, s'élevoient au nombre de plus de trois cents.

En quoi consiste la souveraine félicité, demandoient tous ces philosophes ?

Le chef de la secte académique, Platon, disoit : « la souveraine félicité consiste à
» contempler le beau, le vrai, à se conci-
» lier l'amour du grand Être et à se rendre
» semblable à lui par la vertu ou la justice ».

La réponse d'Aristote et du Lycée, étoit que la vertu seule ne procure qu'un bonheur imparfait, si aux biens de l'âme on ne joint ceux du corps et les faveurs de la fortune.

Zénon et les Stoïciens s'élevoient avec force contre Aristote et les Péripatéticiens. L'homme, disoient-ils, n'est donc qu'un vil esclave, car, dès qu'il aime son corps, qu'il tient à la vie, à sa réputation, il est nécessairement malheureux. La vertu seule procure un bonheur parfait, même à celui qui est plongé dans l'indigence ou jetté dans le taureau brûlant de Phalaris. (*)

(*) Beatam vitam in Phalaridis taurum descensuram, *Cic. Tusc. lib. 5.*

Les académiciens n'étoient pas si sévères, et leur opinion n'étoit pas que l'homme, en aimant les biens nécessaires à la vie (la santé par exemple) et les aimant par rapport à la vertu, fut malheureux. Ils reconnoisssoient des biens d'un ordre bien inférieur, mais que la vertu elle-même leur faisoit estimer.

Les Stoïciens partirent de-là pour rompre avec l'académie ; puis ils se divisèrent entr'eux sur l'indifférence avec laquelle ils prétendoient qu'on devoit traiter beaucoup d'objets qui ne paroissoient pas cependant devoir être indifférens à la saine morale.

Les Cyniques, (*) par exemple, mettoient dans cette classe une foule d'actions d'une indécence révoltante ; personne selon eux n'en devoit être blessé, et s'il en étoit

---

(*) Ils étoient ainsi appellés, par la double raison qu'ils étoient aussi impudens que des chiens et qu'ils s'assembloient dans le Gymnase appellé Cynosarge ou maison du chien blanc.

autrement, ils déclaroient que cela même leur étoit très-indifférent.

On ne pouvoit pas faire le même reproche aux Stoïciens : ils portoient fort loin, il est vrai, la licence, et se permettoient les choses les plus honteuses, mais ils respectoient du moins les bienséances et les lois, et c'est par là, plutôt que par le fonds de la doctrine, qu'ils différoient des Cyniques.

Epicure, dit Cicéron, enseignoit qu'il falloit rechercher la volupté pour elle-même, et fuir la douleur précisément parce qu'elle est douleur. *Totumque hoc de voluptate sic ille præcepit ut voluptatem ipsam, per se, quia voluptas sit, semper optandam expetendamque putet, eâdemque ratione dolorem ob id ipsum quia dolor sit, semper esse fugiendum;* qu'on devoit rapporter à l'âme les voluptés mêmes qui viennent du plaisir des sens. *Omnia jucunda, quanquam sensû corporis judicentur, ad animum referri tamen;* que le corps n'est sensible qu'au plaisir présent : *Quocircà corpus gaudere tamdiù dum præsentem sentiret voluptatem.* Que l'âme qui le partage avec le corps jouit encore de celui qu'elle attend et même du plaisir passé, par le souvenir qu'elle en conserve : *Animum et præsentem percipere pariter cum corpore et prospicere venientem nec præteritam præterfluere sinere,* et qu'ainsi le sage goûte des voluptés perpétuelles et jamais interrompues, puisqu'il ne sépare jamais le souvenir de celles qui sont passées et l'espérance de celles qu'il attend. *Ita perpetuas et contextas voluptates in sapiente fore semper, cum expectationi speratarum voluptatum, perceptarum memoria jungeretur.* (Tuscul. lib. 5, n°. 33.)

S'agit-il là des plaisirs purs de l'esprit ou des voluptés grossières du corps. Je ne veux ni calomnier Epicure, s'il est innocent, ni le justifier s'il est coupable. Je sais que beaucoup de savans en ont fait l'éloge et qu'une foule d'autres l'ont présenté comme infiniment dangereux. Cicéron, qui cherchoit toujours la vérité, et qui ne vouloit ni critiquer injustement, ni louer ce qui étoit blâmable, vient de prononcer. Il n'y a point dans ses ouvrages de texte plus formel que celui que je viens de rapporter : c'est au lecteur à peser ses paroles et à se décider par le sens qu'il croira devoir attacher à ces mots : *Omnia jucunda, quanquam sensû corporis judicentur, ad animum referri.*

Mais si la morale des Epicuriens pouvoit encore être problématique, celle des Cyrénaïques ne l'est point. Ils proposoient la volupté comme la souveraine béatitude du sage. Les seuls biens de l'homme, disoient-ils, c'est le plaisir des sens, ou plutôt c'est l'assemblage de toutes les voluptés.

C'est ainsi que les anciens philosophes, en voulant établir la fin de l'homme et le bonheur auquel il peut aspirer, se sont partagés en une infinité de sectes et sont tombés tous dans l'erreur. Comment auroient-ils pu s'en préserver ? Ils partoient de deux suppositions également fausses ;

l'une qu'en cette vie l'homme est appelé à un bonheur parfait, l'autre que le bonheur, il peut le trouver en lui-même.

Il étoit impossible, d'ailleurs, que les philosophes de la Grèce pussent découvrir la seule et véritable règle des mœurs. Ils ne connoissoient pas même la science qui enseigne à discerner le vrai ou le faux dans chaque matière, ou du moins ils suivoient pour y parvenir, des routes différentes. On entendoit retentir dans toutes les écoles cette importante question : *Peut-on connoître la vérité ? La connoissons-nous ?*

La vérité n'est point à la portée de l'homme, disoit le chef (*) de la nouvelle Académie, Arcesilaüs.

Les sceptiques disoient : nous cherchons la vérité, mais nous ignorons si on peut la connoître.

Ces sceptiques eux-mêmes se partageoient

(*) *Arcesilaüs negebat esse quidquam quod sciri posset.* Cic. Acad. lib. 1, cap. 11.

en trois sectes différentes; les dogmatiques disoient : ce sont les sens qui jugent ; les Péripatéticiens répondoient : c'est la raison ; enfin les Stoïciens avançoient que ce sont les sens éclairés par la raison.

Les disciples d'Héraclite imaginèrent un quatrième système ; ils dirent : ce ne sont ni les sens ni la raison, pris séparément ou réunis, qui jugent, c'est Dieu, c'est lui seul qui juge en nous et qui discerne le vrai ou le faux.

Les Pyrrhoniens soutinrent ensuite, contre les dogmatiques, que rien n'est ni vrai ni faux, ni juste ni injuste, que c'est la force de la loi ou l'empire de l'usage qui détermine la moralité des actions. Quant à la dialectique, ils prirent le parti de ne rien nier, de ne rien affirmer, et par rapport à la morale, de ne rien prononcer, mais d'obéir aux lois, de se conformer aux coutumes et de suivre en tous les mouvemens et les impulsions de la Nature.

Socrate, disoient-ils, savoit une seule

chose, c'est qu'il ne savoit rien : nous avouons, nous, que cela même est une chose que nous ne savons pas. En dialectique comme en morale, tout est, par le poids des raisons contraires, à-peu-près égal.

Il est donc de la sagesse de suspendre son jugement, et c'est-là ce qu'ils appelloient *époque*, (*) et cette époque, qui devint pour eux un point de raliement, ils l'appliquoient à tout, aux objets des sens comme aux objets de la pensée.

Enfin les sceptiques, après être arrivés à ce qu'ils appelloient la tranquillité de la raison et la modération des passions et de *chercheurs* qu'ils étoient auparavant, s'être réduits au rôle d'*observateurs*, ou de sceptiques, cessèrent de chercher la vérité et même de s'occuper de la science.

Terminons par une réflexion très-philosophique contre les philosophes. Il n'y a

---

(*) Suspension ou repos.

204 NOTE GÉNÉRALE.
point d'adsurdités, dit Cicéron, qui ne soient soutenues par quelques philosophes. *Nihil tam absurdè dici potest quod non dicatur ab aliquo philosophorum.* (De divin. lib. 2.)

FIN DU SECOND VOLUME.

TABLE

TABLE INDICATIVE
Des textes de Cicéron.

CHAPITRE VI.
De la Probité.

§. I. Page 1.

Il arrive quelquefois qu'on croit voir l'utile d'un côté et l'honnête de l'autre, etc.

Aliud utile interdum, aliud honestum videri solet...... De offic. lib. III, cap. 18, 19.

§. II. Page 4.

Il se trouve souvent des circonstances.....

Incidunt sæpe causæ..... Ibid. III, 12.

§. III. Page 8.

Qu'un honnête homme cherche à se défaire d'une maison.......

Vendat ædes, vir bonus.... Ibid. III, 13.

§. IV. Page 11.

Si ceux qui ne disent pas tout ce qu'ils savent sont blâmables......

Quod si vituperandi sunt qui reticuerunt..... Ibid. III, 14.

§. V. Page 15.

Développez et consultez vos facultés intellectuelles.....
Explica atque excute intelligentiam tuam. Ibid. III, 20.

§. VI. Page 16.

Perte d'argent est peu de chose.....
Facile de damno est..... Fragm. lib. de Rep. III.

§. VII. Page 17.

Régulus, consul pour la seconde fois....
M. Attilius Regulus cum consul iterùm Offic. III, 26, 27.

§. VIII. Page 20.

Pyrrhus ayant déclaré la guerre au peuple Romain sans y être provoqué....
Cum Rex Pyrrhus populo Romano bellum ultro intulisset..... Offic. III, 22.

§. IX. Page 22.

Que signifie la balance de Critolaüs.....
Quæro quam vim habeat libra illa Critolai..... Tuscul. V. 17.

CHAPITRE VII.
De l'Eloquence.

§. I. Page 22.

Rien ne me paroît au-dessus du talent de l'orateur, etc....

Neque vero mihi quidquam præstabilius videtur..... De Orat. I, 8.

Même §. Page 26.

Il fut un temps où les hommes, etc.
Nam fuit quoddam tempus..... De Invent. I, 2.

§. II. Page 30.

On dit qu'il y a différens genres d'éloquence.....
Oratorum genera esse dicuntur.... Ibid. 2.

Même §. Page 31.

L'orateur parfait....
Optimus est orator. De opt. Gen. Orat. Cap. I.

§. III. Page 33.

Toutes les fois que je songe aux grands hommes....
Ac mihi quidem sæpe numero in summos homines, etc. De Orat. 1, 2, 3, 4, 5.

CHAPITRE VIII.

De l'Amitié.

§. I. Page 44.

L'amitié est selon moi le plus beau présent, etc.
Quâ quidem (Amicitiâ) haud scio, etc. De Amicit. Cap. 6.

§. II. Page 49.

En méditant sur l'amitié....

Sæpissimè mihi de Amicitiâ cogitanti... Ibid. Cap. 8, 9 et 13.

§. III. Page 59.

N'écoutons donc point les hommes noyés dans les délices....

Non ergo erunt homines deliciis diffluentes audiendi..... De Amicitiâ. Cap. 15.

§. IV. Page 63.

Il faut en quelque sorte circonscrire l'amitié.....

Constituendi sunt qui sint in amicitiâ fines.... Ibid. Cap. 16, 17.

§. V. Page 69.

Il faut choisir des amis d'un caractère ferme, solide, inébranlable, etc.

Sunt firmi et stabiles et constantes eligendi..... Ibid. Cap. 10.

§. VI. Page 71.

Rompre avec un ami est une sorte de calamité....

Est etiam quasi quædam calamitas in amicitiis dimittendis.... Ibid. Cap. 21.

§. VII. Page 72.

On trouve des hommes assez injustes....

Plerique perversè.... Ibid. Cap. 22.

§. VIII. Page 74.

Il n'y a rien au monde d'une utilité plus généralement reconnue ...

Una est amicitia in rebus humanis de cujus utilitate omnes uno ore consentiunt.... Ibid. 23.

§. IX. Page 78.

Il faut regarder comme perdu sans ressource celui.....

Cujus aures veritati clausæ sunt ut ab amico verum audire nequeat, etc... Ibid. 27.

CHAPITRE IX.
De la Vieillesse. Page 82.

Je connois, mon cher Titus, la modération de votre âme.....

Novi moderationem animi tui et æquitatem..... De Senect. I.

§. I. Page 85.

Il n'est aucune saison de la vie qui ne soit pénible pour ceux, etc.

Quibus nihil opis est in ipsis, etc. Ibid. 2.

§. II. Page 87.

Ainsi, ma sagesse qui vous cause tant d'admiration.....

Quocirca si sapientiam meam admirari soletis..... Ibid.

§. III. Page 88.

Quand je cherche les raisons qui font regarder la vieillesse comme malheureuse....

Etenim cum contemplor animo, reperio quatuor causas cur senectus misera videatur, etc. Ibid. Cap. 5, 6, 7, 12, 14, 19.

CHAPITRE X.

Sur la Mort.

§. I. Page 105.

Rien de ce que les Dieux ou notre commune mère, la Nature, ont réglé, ne doit être regardé comme un mal.....

Nihil in malis ducamus quod sit vel à Diis immortalibus vel a Naturâ parente omnium constitutum, etc. Tuscul. I, 49.

§. II. Page 106.

La polygamie est autorisée aux Indes....
Mulières in Indiâ, etc. Ibib. 5, 27.

§. III. Page 107.

Loin de nous ces ridicules propos de vieilles, qu'il est malheureux de mourir avant le temps.....

Pellantur istæ ineptiæ penè aniles ante tempus mori miserum esse, etc. Ibid. I, 39.

§. IV. Page 110.

La mort, dont mille hasards peuvent avancer le terme.....

Non deterret sapientem mors quæ propter incertos casus, etc. Tuscul. I, 38.

§. V. Page 112.

La mort certes n'a rien d'effrayant pour un vieillard, etc.

Sed profectò mors tum æquissimo animo oppetitur..... Ibid. I, 45.

§. VI. Page 112.

Il faudroit ignorer totalement les lois de la physique, pour n'être pas convaincu que l'âme n'admet ni réunion de parties, ni mélange, etc.

In animi cognitione dubitare non possumus, nisi plane in physicis plumbei sumus, quin nihil sit animus admixtum, nihil concretum, etc. Ibid. I, 29.

§. VII. Page 115.

Je ne puis adopter la doctrine de quelques modernes philosophes, etc.

Neque assentior iis qui hæc nuper disserere cœperunt, etc. De Amici. Cap. 4.

§. VIII. Page 116.

Toute la vie des philosophes, disoit ce

grand homme, est une continuelle méditation de la mort.....

Tota philosophorum vita, ut ait idem, commentatio mortis est.... Ibid. Ibid.

§. IX. Page 118.

Vivre ou mourir ! Lequel vaut le mieux ?
Utrum sit melius (vivere aut mori).....
Tuscul. I, 31.

Fin de la Table du second Volume.

Errata du second Volume.

———

Page 30, ligne 6, *étonnant*; lisez **exact**.

Page 59, ligne 14, *Qu'est-ce qui consentiroit*; lisez *Qui consentiroit*.

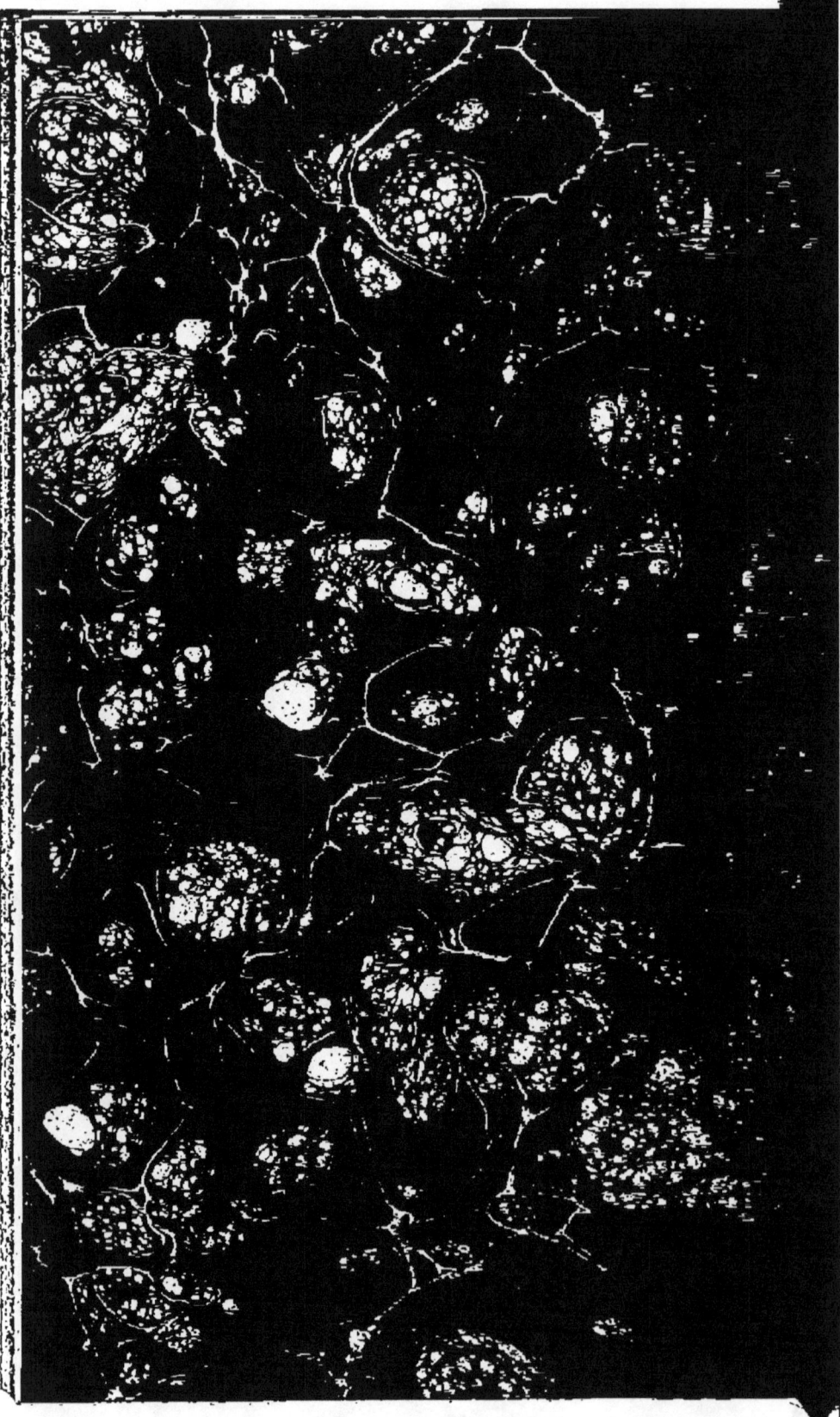

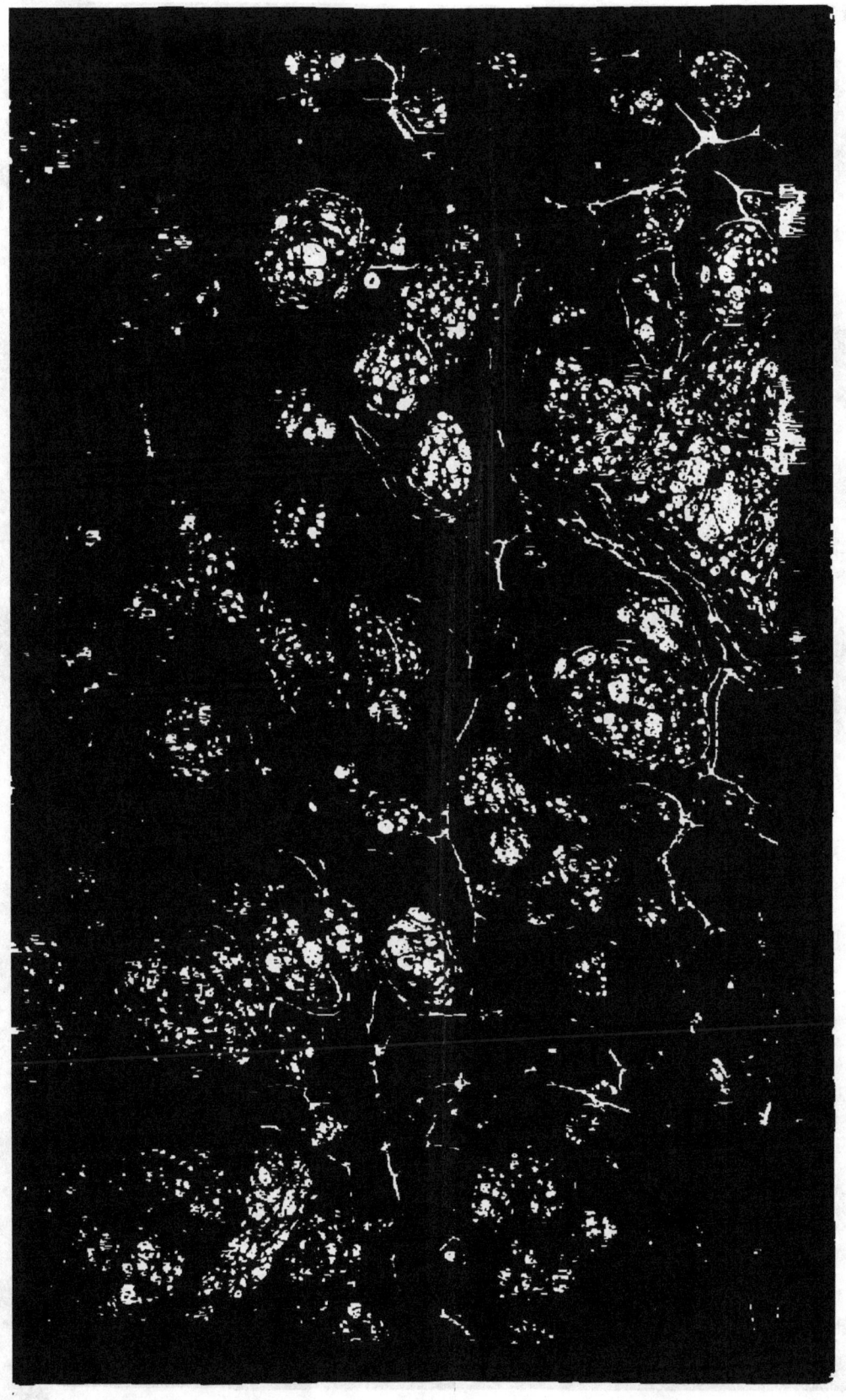